diplomatie.com

Collection.com-activités

Claudie Bassi
Anne-Marie Chapsal

CLE
INTERNATIONAL
www.cle-inter.com

Avant-propos

Diplomatie.com s'adresse à tous ceux qui désirent améliorer leur pratique du français dans le domaine de la diplomatie :
– étudiants étrangers venus en France faire des études de relations internationales ;
– étudiants des académies et instituts diplomatiques étrangers venus se perfectionner dans les affaires internationales et en pratique diplomatique ;
– agents d'administrations étrangères amenés à se perfectionner en français de spécialité afin de travailler avec leurs homologues français ;
– diplomates étrangers en poste en France ou dans les pays francophones ;
– fonctionnaires d'organisations internationales ayant besoin de maîtriser la langue française lors de négociations.

▶ Accessible à partir de 120 heures de français, ce livre d'exercices comporte cinq parties traitant de la carrière diplomatique, des différentes fonctions du diplomate, des multiples facettes du métier de diplomate français en administration centrale ou à l'étranger, dans les relations bilatérales ou multilatérales et dans les différents domaines (politique, économique, financier et commercial, culturel) en temps de paix ou de crise.

▶ À l'intérieur de chaque chapitre vous trouverez :
– des documents informatifs ;
– des exercices de vérification, de compréhension, de vocabulaire.

▶ Un corrigé, des sigles et une bibliographie complètent le livre.

Les auteurs remercient tout particulièrement Marcel Tremeau,
ministre plénipotentiaire, pour ses très précieux conseils et sa disponibilité.

Direction éditoriale : Michèle Grandmangin
Édition et maquette : Jean-Pierre Delarue
Illustrations : Eugène Collilieux
Mise en page et couverture : CGI
Recherche iconographique : Christine Varin

Crédit photo couverture :
Ph © Bouet/Sipa press

Sommaire

Introduction

Un diplomate est une personne qui réfléchit à deux fois avant de ne rien dire.

F. Sawyer

Qu'est-ce que la diplomatie ? Qu'est-ce qu'un diplomate ? Que fait un ambassadeur ? À quoi sert-il ? Beaucoup de clichés entourent cette profession, mal connue, enviée, et souvent mystérieuse.

I. Définitions

La diplomatie est la science et la pratique des relations entre États. Le diplomate entretient des relations au nom de son pays et représente celui-ci auprès d'une nation étrangère et dans les négociations internationales. L'art de la diplomatie est de privilégier les solutions pacifiques dans les conflits.

Le terme de diplomatie désigne également la carrière diplomatique et l'ensemble des diplomates. En France, les diplomates sont des fonctionnaires du ministère des Affaires étrangères, administration centrale qui met en œuvre la politique extérieure de la France et propose les orientations de politique étrangère au président de la République.

1 **Complétez les questions suivantes :**

Ex. : .... fait un ambassadeur ?

Que fait un ambassadeur ?

1. .... sont les tâches d'un ambassadeur ?

2. .... la profession de diplomate est-elle mystérieuse ?

3. .... est perçu le métier de diplomate ?

4. .... désigne le terme de diplomatie ?

5. .... ministère sont rattachés les diplomates ?

6. .... consiste l'art de la diplomatie ?

7. .... est chargé de la mise en œuvre de la politique extérieure de la France ?

8. .... le ministère des Affaires étrangères propose-t-il une stratégie ?

II. Diplomatie et politique étrangère

La diplomatie et la politique étrangère doivent être distinguées l'une de l'autre. Elles ne se confondent pas, ne sont pas de la responsabilité de la même personne mais sont complémentaires car la politique étrangère ne peut exister sans l'action de la diplomatie pour la faire comprendre, de même que la diplomatie a besoin d'être guidée par une politique étrangère lisible.

On désigne par *domaine réservé* la compétence particulière du président de la République dans certains secteurs, la Défense nationale et la politique étrangère notamment. Le gouvernement dispose lui aussi de prérogatives constitutionnelles dans ces domaines : il détermine et conduit la politique de la nation (art. 20 de la Constitution) et le Premier ministre est responsable de la Défense nationale (art. 21). C'est pourquoi aujourd'hui la notion de *domaine partagé* est parfois invoquée. La politique extérieure de la France doit être exprimée de façon univoque : lors d'éventuels conflits de compétence entre le Président et le Premier ministre, la position présidentielle s'impose.

L'ambassadeur représente le chef de l'État et son gouvernement, il négocie au nom de la France, signe des accords et effectue toute démarche en son nom.

2 **Remplacez les expressions en italique par un seul mot (nom de la même famille que l'adjectif utilisé).**

Ex. : *L'envoyé diplomatique* représente son pays dans les négociations internationales. Le **diplomate** représente son pays dans les négociations internationales.

1. Dans *un système démocratique* la souveraineté émane du peuple.

....

2. *L'organisation hiérarchique* et *la pesanteur bureaucratique* affectent la perception de l'administration par les usagers.

....

3. La coexistence de plusieurs *groupes ethniques* rend difficile l'instauration d'un *règlement pacifique* durable.

....

4. Un bon historien respecte *le déroulement chronologique* des événements.

....

5. En temps de crise *la classe politique* fait appel à *l'attachement patriotique*.

....

6. La maîtrise de la *courbe démographique* est importante pour les pays en voie de développement.

....

III. Historique

Le mot grec « diploma » désigne un document plié en deux. Le diplôme au XVIIIᵉ siècle fait référence à la fois au diplôme universitaire et à une charte qui règle les rapports internationaux. La diplomatique est la science relative aux traités et aux chartes qui régissent ces rapports. Sur le modèle aristocratique/aristocratie, apparaît ensuite le mot « diplomatie ».

Si, dès l'antiquité, des messagers étaient envoyés en mission dans les pays voisins, il faut attendre le XVᵉ siècle pour qu'en Italie apparaissent les premières missions permanentes. En France, c'est François 1er qui instaure le système diplomatique moderne en envoyant des représentants dans différents pays d'Europe. En 1588, Henri III nomme le premier ministre des Affaires étrangères, puis une administration spécialisée est peu à peu mise en place. Le ministère des Affaires étrangères ou « département » centralise la gestion de la politique extérieure de la France. Il s'installe au Quai d'Orsay en 1853, d'où son appellation fréquente : *le Quai*.

3 **Complétez chacun des verbes de la colonne A et les compléments de la colonne B.**

Ex. : *concevoir* (1) *un système* (k)

1. concevoir	**a)** son pays
2. définir	**b)** le Premier ministre
3. effectuer	**c)** à un document
4. entretenir	**d)** le chef de l'État
5. envoyer quelqu'un	**e)** des relations diplomatiques
6. installer	**f)** une démarche
7. défendre	**g)** une ambassade
8. privilégier	**h)** en mission
9. représenter	**i)** les solutions pacifiques
10. faire référence	**j)** des orientations
11. nommer	**k)** un système

IV. Diplomatie bilatérale

L'installation d'une mission diplomatique symbolise et concrétise l'établissement de relations entre États concernés. Lorsqu'ils se sont mutuellement reconnus, les deux États peuvent décider d'échanger des ambassades dans chacun d'entre eux. Le rôle du chef de poste diplomatique est d'informer, de représenter son pays et d'agir en son nom. Il consiste aussi à protéger ses compatriotes, ressortissants français qui résident à l'étranger. Avec la multiplication des nouveaux États souverains au fil des siècles, se sont multipliées en conséquence les ambassades et représentations diplomatiques à travers le monde. Si l'ONU comptait 58 États membres en 1948, on approche aujourd'hui le chiffre de 200 !

V. Diplomatie multilatérale

Comme on vient de le voir, la diplomatie a d'abord été un échange entre deux États, d'où le nom de diplomatie bilatérale. Mais à partir du xxe siècle et notamment à partir de la Seconde Guerre mondiale, avec le développement des organisations internationales, un nouveau type d'ambassadeur est apparu, l'ambassadeur multilatéral, qui représente son pays auprès de telle ou telle organisation internationale (ONU, OTAN, OCDE par ex.) et auprès des institutions européennes.

4 Trouvez le nom qui correspond au verbe.

Ex. : *représenter* → *une représentation*

1. symboliser ....
2. reconnaître ....
3. échanger ....
4. agir ....
5. résider ....
6. compter ....
7. apparaître ....
8. nommer ....

5 Complétez les phrases ci-dessous à l'aide de certains des mots suivants : *unification – unilatéral – uninominal – unitaire – universalisme – univoque – bicéphale – bidirectionnel – bilingue – bimensuel – bimestriel – bipolaire – triennal – trilingue – trimestriel – tripartite – quadrichromie – quadriennal – quadripartite – multiculturalisme – multidisciplinaire (ou pluridisciplinaire) – multiethnique – multimédia – multinational – multirisque*

1. À l'époque de la guerre froide, le monde organisé autour du bloc soviétique et des États-Unis était dit ....

2. Les universités établissent avec le ministère de l'Éducation nationale un contrat .... où sont exposés leurs projets sur les 4 ans à venir.

3. Le pouvoir exercé conjointement par deux chefs est ....

4. Il faudra se rendre à une négociation .... entre l'Allemagne, la France et l'Italie.

5. Les diplomates ont une formation .... Outre l'histoire, la géographie, le droit, l'économie, ils ont une connaissance approfondie des langues étrangères et sont le plus souvent ...., voire ....

6. Dans un même pays la pluralité de cultures et leur coexistence est appelée ....

7. Négocier suppose que l'on ne prenne pas de décision .... sans consulter les partenaires.

8. Les diplomates ont un rôle important dans les régions .... comme les Balkans.

VI. Réseau diplomatique et consulaire

Pour concevoir la politique étrangère et l'appliquer, pour protéger les intérêts français à l'étranger et assister les ressortissants français hors du territoire, le ministère des Affaires étrangères (MAE) dispose d'une administration centrale, appelée le « Département » par ceux qui y travaillent, et d'un réseau diplomatique et consulaire formé actuellement de 180 missions diplomatiques et représentations permanentes et 98 postes consulaires. Les consulats sont notamment chargés de la sécurité des ressortissants français.

Ce réseau très étendu assure la présence de la France dans le monde, protège les nationaux expatriés et représente l'État pour les trois millions de Français qui résident ou voyagent à l'étranger ainsi que pour les étrangers désirant se rendre en France.

Le MAE emploie plus de 15 000 personnes (on dit « agents » dans la fonction publique), dont près de 6 000 recrutés locaux à l'étranger non fonctionnaires. Ces derniers peuvent être soit des Français expatriés, soit des nationaux de l'État de résidence, donc étrangers au regard de la France.

6 Reliez les mots et leur définition

1. Appellation interne utilisée par les services et les agents du MAE pour désigner l'administration centrale de leur ministère *c.*	a) Mission diplomatique
2. Citoyen d'un pays expatrié à l'étranger par opposition à un touriste *e.*	b) Réseau diplomatique et consulaire
3. Ensemble des agents de rang diplomatique et du personnel administratif, technique et de service en poste au sein d'une ambassade *a.*	c) Département
4. Ensemble des ambassades, représentations permanentes et consulats *b.*	d) Consul
5. Agent non titulaire que le MAE engage à l'étranger pour remplir une mission *f.*	e) Résident
6. Personne qui s'occupe de la protection et de la sécurité de ses concitoyens expatriés dans le même pays que lui *d.*	f) Recruté local

7 Après avoir lu cette introduction, vérifiez vos connaissances : Vrai ou faux ?

	Vrai	Faux
1. Ce sont les diplomates qui prennent les décisions en matière de politique étrangère de la France.	❏	❏
2. Il n'y a pas de différence entre la politique étrangère et la diplomatie.	❏	❏
3. L'avis du président de la République en matière de politique étrangère est prépondérant.	❏	❏
4. L'installation d'une mission diplomatique à l'étranger implique la réciprocité.	❏	❏
5. Les relations diplomatiques se font toujours d'État à État.	❏	❏
6. Un Français installé à l'étranger est appelé ressortissant.	❏	❏
7. C'est la France qui a inventé la diplomatie permanente.	❏	❏
8. L'ambassadeur français est aussi appelé chef de poste diplomatique.	❏	❏
9. Le multilatéral s'est développé après la Seconde Guerre mondiale.	❏	❏
10. Le Département est une antenne du MAE en province.	❏	❏
11. Les recrutés locaux ne sont pas fonctionnaires.	❏	❏

1. La carrière diplomatique

1 La formation et la sélection

Dialogue

Sébastien va passer son baccalauréat (le « bac ») et souhaite devenir diplomate. Il demande conseil à son oncle, conseiller des Affaires étrangères.

– J'aimerais beaucoup travailler à l'étranger, par exemple dans un service de coopération et d'action culturelle (SCAC). Quelle est la meilleure voie pour y arriver ?

– Tu dois d'abord avoir une bonne formation générale et bien connaître les langues.

– Faut-il passer un concours ?

– Oui, après avoir obtenu un diplôme universitaire, au moins la licence, ou le diplôme d'un Institut d'études politiques. Les concours du MAE sont d'un niveau élevé.

– Y a-t-il d'autres possibilités ?

– On peut entrer aux Affaires étrangères en passant par l'ENA (école nationale d'administration) si l'on a un rang de sortie qui le permet mais il faut d'abord réussir le concours d'entrée à l'ENA qui est très difficile aussi.

– Quelles sont, grosso modo, les matières des épreuves de concours ?

– La culture générale, les questions internationales, les questions communautaires, le droit public, l'économie et les langues.

8 **Complétez les phrases ci-dessous à l'aide des expressions ou des mots proposés :**
culture générale – voies d'accès – faire carrière – maîtrise – disciplines – formation.

1. Sébastien veut .... dans la diplomatie.
2. Il se renseigne sur la .... et les concours.
3. Outre une bonne ...., les concours exigent la .... de l'anglais et d'une autre langue étrangère ainsi que des connaissances approfondies dans de nombreuses ....
4. Il y a plusieurs .... à la diplomatie : les concours du Quai d'Orsay et celui de l'ENA.

9 **Classez les diplômes suivants du moins élevé au plus élevé :**
licence – doctorat – master – brevet – baccalauréat.

1. ....
2. ....

3. ....

4. ....

5. ....

10 Voici quelques titres de journaux :

« Le Quai va-t-il déménager ? »
« l'Élysée, Matignon, Beauvau, le Quai : quatre piliers du pouvoir ébranlés »
« Désaccord Bercy-Matignon »

Reliez les appellations et les institutions

1. Le Quai d'Orsay (ou le Quai)	**a)** Le palais présidentiel
2. L'hôtel Matignon ou Matignon	**b)** Le ministère des Finances
3. Bercy	**c)** Le ministère des Affaires étrangères
4. L'Élysée	**d)** Le ministère de l'Intérieur
5. Place Beauvau	**e)** La résidence du Premier ministre

11 *Grosso modo* : en gros, sans entrer dans le détail
Les locutions latines sont très fréquemment employées par les diplomates, les hommes et femmes politiques, les journalistes. À l'aide du contexte, trouvez un équivalent en français aux expressions latines indiquées en gras.

1. Le nombre de places au concours d'entrée est fixé à l'avance. C'est un **numerus clausus**. Un examen très sélectif n'est pas **stricto sensu** un concours, si le nombre de places peut varier. S'il y a deux candidats **ex aequo** dans un classement, la priorité est donnée au plus âgé. Le jury de concours est composé de personnalités **ad hoc**, parfaitement qualifiées pour faire passer les épreuves et réputées pour ne pas exercer de jugements **a priori**.

2. Les candidats se préparent longtemps à l'avance, c'est une condition **sine qua non** pour réussir. Il est rare cependant qu'ils arrivent à connaître le programme **in extenso**.

3. De facto se dit dans la diplomatie d'une autorité établie dans les faits mais sans base légale. **A contrario** un gouvernement reconnu **de jure** est établi légalement.

4. Lors d'une catastrophe, il est fréquent que le gouvernement prenne **a posteriori** des mesures préventives pour éviter que celle-ci ne se reproduise. Rapidement dépêchées **in situ** les autorités font connaître **urbi et orbi** leurs réactions et les décisions prises pour gérer la crise.

5. Les tenants du **statu quo**, opposés à la signature du traité, ont demandé un ajournement de l'accord **sine die**. C'est ainsi que, **nolens**, **volens**, l'ambassadeur a dû retirer son texte. L'opposition en a, **ipso facto**, tiré profit mais la prochaine discussion ne se fera pas **ex nihilo**.

6. Après de longues négociations, les ambassadeurs ont donné leur accord **ad referendum** au projet de texte final. Des instructions sont attendues.

I. Les concours

Les concours que l'on présente pour entrer au MAE sont des épreuves très sélectives pour lesquelles le nombre de places offertes est connu à l'avance chaque année.

Par exemple parmi les concours de catégorie A en 2005 :
- Conseiller des Affaires étrangères (« concours d'orient ») : 8 places
- Secrétaire des Affaires étrangères du cadre général : 11 places
- Secrétaire des Affaires étrangères du cadre Orient : 5 places
- Pour chacun de ces concours il est précisé une limite d'âge.

12 **Reliez les verbes de la colonne A et les compléments de la colonne B :**

A	B
1. Passer	**a)** en équipe
2. Être reçu	**b)** un cours
3. Être en-dessous de	**c)** un diplôme
4. Être titulaire d'	**d)** la limite d'âge
5. Recruter	**e)** un concours
6. Travailler	**f)** sur concours
7. Suivre	**g)** à un concours

II. La Carrière

Au cours de leur carrière, les agents du MAE changent de poste une douzaine de fois environ. Chaque affectation dure en moyenne 3 ans. Le tableau ci-dessous montre les différents grades. Les agents du corps diplomatique peuvent construire un plan de carrière en associant 2 ou 3 spécialités géographiques (Asie, Moyen-Orient par exemple) ou fonctionnelles (domaine économique, domaine juridique…). La Carrière, avec une majuscule, désigne la carrière diplomatique.

Ministre plénipotentiaire
↑ *(nomination au choix)*
Conseiller hors classe   ↑   Conseiller de 1re classe   ↑   *ENA externe et interne* → Conseiller de 2e classe ← *Concours MAE Orient externe et interne*
↑ *(nomination au choix)*

Secrétaire principal (sélection par examen professionnel) ↑ Secrétaire cadre général, cadre Orient (sélection sur concours MAE) Secrétaire cadre d'administration (diplômés des Instituts Régionaux d'administration)	ASIC principal (sélection professionnelle) ↑ ASIC (Attachés des Systèmes d'Information et de Communication, sélection sur concours MAE)

13 **Complétez les phrases ci-dessous à l'aide des mots :**
gradation – grade – gradé – gradins – graduation – graduellement.

1. Ministre plénipotentiaire est le .... le plus élevé de la carrière diplomatique.

2. La progression des agents se fait ...., par paliers.

3. Avant de passer les concours, les étudiants auront passé beaucoup d'heures sur les .... d'un amphithéâtre.

4. Dans l'armée, un .... est hiérarchiquement au-dessus d'un simple soldat.

5. Les règles de la rhétorique veulent qu'on énonce ses arguments en assurant une .... des effets.

6. La .... du thermomètre donne l'indication de la température par degrés.

2 Les ambassadeurs

I. Statut

Le Journal Officiel (J.O.) de la République française, publié le 3 juin 1979, précise les pouvoirs des ambassadeurs et l'organisation des services de l'État à l'étranger. Voici les articles essentiels du décret n° 79433 du 1er juin 1979 concernant les ambassadeurs :

Article 1
L'ambassadeur est dépositaire de l'autorité de l'État dans le pays où il est accrédité. Il est chargé, sous l'autorité du ministre des Affaires étrangères, de la mise en œuvre dans ce pays de la politique extérieure de la France.
Il représente le président de la République, le gouvernement et chacun des ministres. Il informe le gouvernement, négocie au nom de l'État, veille au développement des relations de la France avec le pays accréditaire, assure la protection des intérêts de l'État et celle des ressortissants français.

Article 2
Sauf en ce qui concerne les pouvoirs que le ministre de la Défense tient de l'article 16 de l'ordonnance susvisée du 7 janvier 1959 et que le ministre de la Coopération tient du décret susvisé du 6 juin 1974, l'ambassadeur reçoit ses instructions du ministre des Affaires étrangères et, sous couvert de ce dernier, de chacun des ministres.

Article 3
L'ambassadeur, chef de la mission diplomatique, coordonne et anime l'action des services civils et de la mission militaire.

Article 4
Seul l'ambassadeur peut recevoir délégation des ministres dans le pays où il est accrédité.

Article 5
L'ambassadeur peut consentir des délégations de signature aux responsables des différents services et, dans les matières déterminées par décret, des délégations de pouvoirs.
Les consuls peuvent recevoir de l'ambassadeur des délégations et des missions particulières.

Article 6
Dans les conditions qu'il fixe, l'ambassadeur a communication immédiate de toutes les correspondances échangées entre les services de sa mission et les ministères ou organismes dont ils relèvent.
Les responsables des différents services font tenir à l'ambassadeur toutes les informations et études nécessaires à l'accomplissement de sa mission.

14 Complétez les définitions ci-dessous à l'aide des termes suivants :
autorisation – concurremment – (se) dessaisir – édicté – élaborée – exécutives – exécutoire – exercera – habiliter – limité – loi – règlement – signée.

1. décret : décision .... à portée générale ou individuelle .... soit par le président de la République, soit par le Premier ministre.

2. ordonnance : acte fait par le Gouvernement avec l' .... du Parlement, dans les matières qui sont du domaine de la .... (art. 38 de la Constitution). Le pouvoir de faire des ordonnances est .... dans sa durée et dans son objet. Avant sa ratification par le Parlement, l'ordonnance a valeur de .... ; après sa ratification, elle prend valeur de loi.

3. règlement : acte de portée générale et impersonnelle .... par les autorités .... compétentes.

4. loi : règle écrite générale et permanente .... par le Parlement.

5. délégation de compétence (ou de pouvoir) : fait, pour une autorité administrative, de .... dans les limites légales d'un ou plusieurs de ses pouvoirs en faveur d'un autre agent qui les ....

6. délégation de signature : fait, pour une autorité administrative, d' .... dans les limites légales un autre agent à exercer .... avec elle un ou plusieurs de ses pouvoirs.

15 Relevez dans les articles du décret ci-dessus les termes qui montrent l'importance des pouvoirs dévolus à l'ambassadeur.
Citez dans ces articles ce qui limite ses pouvoirs.

....
....
....
....

16 Choisissez dans la liste ci-dessous le mot qui convient pour remplacer l'expression en gras :
accréditaire – allocataire – argumentaire – dépositaire (de) – destinataire – légataire – mandataire – secrétaire – signataire.

1. L'ambassadeur est **chargé d'exercer** l'autorité de l'État.
2. Les **autorités qui signent** un traité engagent le pays qu'ils représentent.
3. L'ambassadeur représente le chef de l'État dans le pays **où il est accrédité**.
4. Dans une élection, la personne qui ne peut se déplacer donne procuration à **une personne chargée de voter en son nom**.

5. Les dispositions testamentaires précisent qui est **l'héritier d'un bien**.

6. Le mot qui désigne **l'agent diplomatique d'un rang inférieur à celui de conseiller**, sert aussi à nommer un meuble à abattant destiné à ranger les papiers.

7. En France, les étudiants avancés qui préparent une thèse de doctorat peuvent, sous certaines conditions, être **bénéficiaires d'une bourse** de recherche.

8. Pour utiliser le service de la valise diplomatique, l'expéditeur doit indiquer ses coordonnées et l'adresse de **la personne à qui est envoyé son courrier**.

9. Lors d'une négociation, chaque partie en présence s'efforce de convaincre les participants et prépare son **raisonnement et les arguments qui le justifient**.

Le nombre et l'importance des postes diplomatiques à l'étranger change avec l'évolution géopolitique du monde. 15 ambassades ont été créées en moins de 10 ans à la suite de la dislocation de l'URSS et de la Yougoslavie.

▌ La France a actuellement 149 ambassades, 17 représentations et 113 postes consulaires.

▌ Certains ambassadeurs sont envoyés dans plusieurs pays. D'autres sont « hors les murs », c'est-à-dire n'ont pas de résidence dans le pays où ils sont envoyés.
Le rôle des ambassadeurs devient très complexe dans un monde où les relations internationales s'intensifient et impliquent une multiplicité d'acteurs : États, ONG, organisations internationales.

▌ Un diplomate chef de poste garde le titre d'ambassadeur pendant la durée de ses fonctions.

▌ Certains sont « élevés à la dignité d'Ambassadeur de France » et gardent ce titre toute leur vie. Ils sont peu nombreux en activité (5 ou 6). Le chef de poste est appelé aussi n° 1 ou le « pacha ».

▌ Le numéro deux d'une ambassade assiste l'ambassadeur et, comme celui-ci est souvent à l'extérieur, il supervise le travail de l'équipe de collaborateurs de l'ambassadeur, « la chancellerie ». Cet adjoint, en l'absence de l'ambassadeur, le remplace en qualité de « chargé d'affaires ». Dans les grandes ambassades, le chargé d'affaires porte le titre de ministre conseiller.

17 Trouvez dans la colonne B un équivalent pour chacun des termes ou des expressions de la colonne A :

A	B
1. chargé d'affaires	**a)** dans l'administration, personne engagée pour mener à bien un projet ou exercer une responsabilité
2. chargé de mission	**b)** personne responsable de ses enfants et/ou de ses ascendants
3. chargé de cours	**c)** agent diplomatique, représentant accrédité d'un État
4. chargé de famille	**d)** personne qui fait état de preuves d'accusation dans un procès
5. témoin à charge	**e)** action d'assumer les dépenses de quelqu'un (ex. : remboursement de frais par la Sécurité sociale)
6. prise en charge	**f)** enseignant vacataire de l'enseignement supérieur

18 Complétez les phrases ci-dessous par des prépositions :

1. Prendre sous sa responsabilité : prendre .... charge
2. Être dépendant financièrement de ses parents : être .... leur charge
3. Rédiger les obligations pour satisfaire un contrat : rédiger le cahier .... charges
4. Accomplir sa mission : s'acquitter .... sa charge
5. Réunir des indices prouvant la culpabilité d'un accusé : constituer une charge .... lui
6. Insister pour obtenir quelque chose : revenir .... la charge
7. Excuser quelqu'un : dire quelque chose .... sa décharge

Article 1er de la Convention de Vienne (18 avril 1961) sur les relations diplomatiques :
« Aux fins de la présente convention, les expressions suivantes s'entendent comme il est précisé ci-dessous :
   a) l'expression « chef de mission » s'entend de la personne chargée par l'État accréditant d'agir en cette qualité […] ;
   d) l'expression « membres du personnel diplomatique » s'entend des membres du personnel de la mission qui ont la qualité de diplomates ;
   e) l'expression « agent diplomatique » s'entend du chef de la mission ou d'un membre du personnel diplomatique de la mission. »

19 **Soulignez le terme qui n'est pas à sa place dans chaque série.**

Ex. : le président de la République, le chef de l'exécutif, <u>le président du Sénat</u>, le chef de l'État.

1. ambassadeur, chef de poste, représentant de l'État accrédité dans un pays, attaché parlementaire, pacha

2. numéro deux, ministre conseiller, secrétaire, chargé d'affaires

3. personne qui garde les sceaux, chancellerie, équipe de diplomates, services d'une ambassade

II. Collaborateurs

▶ L'équipe diplomatique appelée « chancellerie » comprend des conseillers, secrétaires et attachés, en nombre variable selon l'importance du poste, qui sont les collaborateurs directs de l'ambassadeur.

▶ Outre l'ambassadeur et la chancellerie, la mission diplomatique comprend des services techniques spécialisés, en particulier :

– L'attaché de Défense chargé des relations militaires.

– Le conseiller économique et commercial qui dépend de la DGTPE (direction générale du Trésor et de la politique économique du ministère des Finances).

– Le conseiller culturel, scientifique et de coopération.

▶ Cette équipe peut être complétée par des conseillers agricoles, maritimes, douaniers, humanitaires, etc.

3 Début et fin de mission

I. Nomination

La charge ou la fonction d'ambassadeur est au nombre des emplois qui sont à la discrétion du gouvernement. L'État qui veut nommer un diplomate à un poste de chef de mission s'assure de l'agrément de l'État qui va le recevoir. Il est d'usage de demander systématiquement un accord officieux sur le diplomate pressenti comme représentant permanent de son pays.

Le refus d'agrément, si le chef de mission n'est pas « persona grata » est discrétionnaire et n'a pas à être motivé.

Agréer une demande = accepter une demande.
Agréer à quelqu'un = plaire à quelqu'un, être au gré de quelqu'un.

---

20 Mettez le verbe *agréer* à la forme qui convient :

1. Sa demande doit être au préalable .... par le service du personnel.

2. Veuillez ...., Monsieur, l'expression de mes sentiments respectueux.

3. Le médiateur n' .... pas ces revendications parce qu'elles sont inadmissibles.

4. Son expérience était incontestable, mais nous savions tous que ses opinions politiques n' .... jamais au ministre.

II. Lettres de créance et accréditation

Après sa nomination en conseil des ministres et après son agrément, l'ambassadeur doit attendre pour son entrée officielle en fonction la remise de ses lettres de créance au chef de l'État auprès duquel il est accrédité. Ces lettres prouvent qu'il mérite confiance et le signataire (en France, le président de la République) appelle le chef d'État à « ajouter foi et créance entière à tout ce qu'il Vous dira de Ma part ». (Créance entière = confiance totale). L'ambassadeur seul a qualité de représentant du chef de l'État qui l'a accrédité et les lettres de créance sont rédigées à son nom.

Dans le cadre de la diplomatie multilatérale, les ambassadeurs sont munis de lettres d'accréditation adressées au Secrétaire général des Nations unies dans les villes-sièges de l'ONU (ou adressées aux différentes organisations internationales où ils exercent une représentation permanente, par exemple à l'OTAN, à l'OCDE, au Conseil de l'Europe).

Dans ce cas il n'y a pas de demande d'agrément. La nomination est à la discrétion du chef de l'État.

Remarque : le terme « lettres de créance » est toujours au pluriel, car ce document est obligatoirement rédigé en deux exemplaires originaux.

21 Trouvez le verbe qui correspond au nom.

Ex. : une précision = Préciser

Nom		Verbe
1. Une convention	**a)**	....
2. Un représentant	**b)**	....
3. Un établissement	**c)**	....
4. Un envoi	**d)**	....
5. Un consentement	**e)**	....
6. Un agrément	**f)**	....
7. Un refus	**g)**	....
8. Une rupture	**h)**	....

22 Complétez le texte ci-dessous à l'aide des mots suivants :
accréditant – accréditaire – accréditation – agréé – agrément – entrée en fonction – lettres de créance – représentant.

1. La remise des .... marque l' .... de l'ambassadeur parce qu'elle réalise son ....

2. Il est, à partir de ce moment, en situation officielle dans l'État .... et peut entreprendre tous les actes liés à sa fonction de .... de l'État ....

3. L'État qui envoie un chef de mission dans un autre État s'assure de l' .... de ce dernier.

4. Si le chef de mission n'est pas .... par l'État accréditaire, il risque d'être refusé.

III. Fin de mission

Le rappel de l'ambassadeur peut se faire à l'initiative de l'État qu'il représente qui décide de le muter, de le révoquer, ou d'interrompre les relations diplomatiques avec l'État de résidence. Les lettres de rappel sont signées du chef de l'État ou du ministre des Affaires étrangères et elles sont destinées à leurs homologues de l'État accréditaire.

L'État de résidence peut aussi être à l'initiative du rappel de l'ambassadeur, il le déclare alors « persona non grata » et peut même aller jusqu'à l'expulser, ce qui a une portée politique très forte.

23 Quelle carrière et où ? Complétez le texte par la préposition convenable, s'il en faut une.

Ex. : Il a été longtemps conseiller culturel à Rome, en Italie.

1. Monsieur Dupont, ambassadeur de France, a été affecté à la Haye .... Pays-Bas pour son premier poste.

2. Il a ensuite servi .... Mozambique, ... Algérie, ... Afghanistan, ... Cuba et .... Berlin avant de devenir directeur de cabinet du ministre des Affaires étrangères et enfin ambassadeur .... États-Unis.

3. Monsieur Durand, ministre plénipotentiaire, a été notamment ambassadeur .... Lomé .... Togo, ... Libye, ... Liban et enfin .... Tel-Aviv.

4. Il a quitté .... Israël pour rejoindre .... Bruxelles où il est notre représentant permanent. Il aimerait terminer sa carrière .... Luxembourg, où il est né.

5. Son père, diplomate de carrière était l'auteur de nombreux ouvrages sur .... Luxembourg, la capitale du Grand-Duché.

24 Vrai ou Faux ?

	Vrai	Faux
1. C'est la Convention de Vienne qui a codifié les relations diplomatiques entre les États.	❏	❏
2. Un refus discrétionnaire signifie un refus discret, pour ne pas blesser le diplomate refusé.	❏	❏
3. L'État accréditaire est l'État de séjour ou d'accueil d'une mission diplomatique étrangère.	❏	❏
4. Les lettres de rappel sont l'acte authentifiant auprès de l'État accréditaire les pouvoirs de représentation dont le chef de mission est investi par l'État accréditant.	❏	❏
5. Un accord officieux est un accord non confirmé par une autorité.	❏	❏
6. « Persona non grata » signifie que la personne est discrète.	❏	❏

4 Les consuls

Sous l'autorité des ambassadeurs, les consuls, diplomates nommés par le ministre des Affaires étrangères, sont responsables à l'étranger de la communauté française expatriée. Ils ont à charge une circonscription qui peut être un pays entier ou une partie du territoire.

La responsabilité de protéger les Français hors des frontières de leur pays concerne aussi bien les touristes que les compatriotes installés durablement à l'étranger dont une grande partie se fait immatriculer au consulat de son pays de résidence.

25 Complétez les phrases ci-dessous à l'aide des termes suivants :
apatride – compatriote – expatrié – patrie – patriote – patriotisme – rapatrier.

1. Il faut bien distinguer l'... ou sans-patrie de l'..................................... qui peut être exilé ou réfugié mais qui peut aussi avoir quitté sa .... volontairement pour un temps plus ou moins long.

2. En cas de crise ou d'accident, le consul peut aider ses .... et les faire ....

3. Un .... fait preuve d'amour de sa patrie. Il a la volonté de la défendre contre les attaques de l'ennemi.

4. Le nationalisme est une déviation du .... et peut rendre chauvin ou cocardier.

La fonction consulaire est bien antérieure à l'établissement des relations diplomatiques. Le problème de la protection des nationaux en pays étrangers s'était déjà posé dès l'Antiquité. Mais l'institution consulaire, telle qu'elle existe aujourd'hui, remonte aux Croisades, avec l'affectation, dans les ports méditerranéens, de consuls marchands (ou consuls de Mer) chargés de faciliter le commerce et de protéger ceux qui s'y adonnaient dans les ports et pays concernés. L'institution se développa par la suite et elle n'a cessé d'évoluer au fil des siècles. Les relations consulaires sont régies par le texte, toujours en vigueur, de la Convention de Vienne du 24 avril 1963.

26 **Complétez les phrases avec l'indicateur de temps qui convient :**
au fil des siècles – auparavant – depuis – dès – entrée en vigueur – par la suite – remonte à.

1. L'institution consulaire existe .... les Croisades.

2. ....cette époque est apparue la nécessité d'une protection pour ceux qui faisaient du commerce à l'étranger.

3. Le rattachement des consuls au ministère des Affaires étrangères .... la Révolution.

4. La carte consulaire a constamment évolué .... et les missions des consulats se sont développées ....

5. La Convention de Vienne d'avril 1963, ... en France en 1971, porte sur les relations consulaires, ... peu encadrées par des textes.

I. Les postes consulaires

On distingue aujourd'hui les consulats généraux, les consulats et les agences consulaires.

❱ Les consulats généraux ont une fonction politique plus importante et ont à leur tête un diplomate de rang élevé, issu de la filière diplomatique, ministre plénipotentiaire ou proche de ce grade.

❱ Le consul appartient, lui, à la carrière dite consulaire qui le spécialisera dans cette fonction.

❱ Les agences consulaires sont tenues par des consuls honoraires, ressortissants du pays de séjour bénéficiant d'une réputation incontestable, parlant notre langue, et qui peuvent résoudre ou contribuer à résoudre les cas difficiles concernant nos ressortissants grâce à leurs contacts et à leur réseau. Ils sont généralement bénévoles.
Les agences consulaires sont rattachées à un consulat.

II. Commission consulaire et Exequatur

Les fonctionnaires consulaires de carrière sont munis, à leur départ, d'une « Commission consulaire », qui correspond pour le titulaire, vis-à-vis des autorités locales, aux lettres de créance de l'ambassadeur auprès du chef de l'État. Le chef de poste consulaire est nommé par le président de la République. L'autorisation d'exercer ses fonctions est donnée par l'État étranger sous la forme d'un « Exequatur », valable pour la zone d'activité du consul, appelée « Circonscription consulaire ».

27 Vrai ou faux ?

	Vrai	Faux
1. Une agence consulaire est un poste consulaire.	❒	❒
2. Le consul est accrédité comme l'ambassadeur.	❒	❒
3. L'exequatur est délivré par l'État de résidence.	❒	❒
4. Le consul honoraire est bénévole.	❒	❒
5. Le consul honoraire est un diplomate français.	❒	❒
6. La circonscription consulaire désigne le territoire attribué à un poste consulaire.	❒	❒

III. Zones d'activité

L'étendue des circonscriptions, qui correspondent généralement à des divisions administratives locales, dépend de l'importance du pays et/ou de celle de la communauté française, ce dernier critère n'étant pas toujours déterminant. Les consuls généraux ont des responsabilités politiques autres que celles du consul. Aussi le consul général est-il assisté d'un consul ou d'un vice-consul, plus spécialement chargé des tâches consulaires proprement dites, mais sous sa supervision et sa responsabilité. Il est de plus en plus entouré de conseillers commerciaux et culturels.

Il arrive également que, en raison de la taille du pays, de la faiblesse de la communauté (aussi appelée « colonie ») française, il n'existe pas de consulat en tant que tel dans ce pays. L'ambassade est alors dite « ambassade consulaire » et c'est l'ambassadeur, assisté par un « vice-consul chef de chancellerie » qui assume ces fonctions, entre autres, par exemple, celles d'officier d'état civil.

Le réseau consulaire français compte actuellement 113 consulats généraux, 18 consulats, 8 chancelleries détachées et 530 agences consulaires tenues par des consuls honoraires.

5 Ordre de mission

Extraits des discours du Président Jacques Chirac prononcés en clôture de la conférence des ambassadeurs en août 2003 et août 2004.

« Mesdames et Messieurs les Ambassadeurs,

Vous êtes sous l'autorité du ministre des Affaires étrangères, les serviteurs de la France, de son ambition, de son influence, de son rayonnement.

À l'heure du monde ouvert, où la césure s'efface entre l'action intérieure et extérieure, le maintien d'un réseau diplomatique mondial n'est ni une survivance ni un luxe. C'est un atout capital. C'est pourquoi je veille à ce que la crédibilité et l'efficacité de notre action extérieure soient affirmées. Notre outil diplomatique doit disposer des moyens nécessaires pour remplir ses missions.

Notre réseau est un instrument irremplaçable d'influence. Car une France qui garde les yeux ouverts sur le monde, présente sur tous les continents, pèse d'un poids plus grand en Europe [...] ».

Août 2004

« Mesdames et Messieurs les Ambassadeurs,

Votre mission évolue avec les changements du monde. Loin de perdre sa signification, le métier d'ambassadeur se renouvelle sans cesse.

Dans une époque où chacun cherche de nouveaux repères, il vous revient d'expliquer inlassablement aux sociétés dans lesquelles vous vivez la vision que porte la France, celle d'un monde multipolaire, harmonieux et solidaire, celle d'une mondialisation humanisée et maîtrisée.

À l'heure d'une compétition économique toujours plus vive, votre engagement aux côtés des entreprises françaises doit être constant, déterminé, dévoué. J'attends de vous que vous soyiez leurs meilleurs alliés.

Votre mission est éminente au moment où le dialogue des cultures est plus nécessaire que jamais. Représentant d'un pays héritier des droits de l'homme, porte-parole de la Francophonie, d'un pays à vocation universaliste mais passionnément attaché à la diversité, vous devez incarner cette exigence et cette tolérance.

À l'œuvre dans des régions dont la situation est parfois difficile et souvent dangereuse, vous êtes également investis de la belle mission d'assurer à nos compatriotes sécurité et protection.

[...]

29 août 2003

28 **Après avoir lu les extraits des interventions de Jacques Chirac, répondez aux questions suivantes :**

1. De qui dépendent les ambassadeurs ?
2. Pourquoi le maintien d'un réseau diplomatique mondial est-il nécessaire pour la France ?
3. Quelle est la vision du monde portée par la France ?
4. La protection des ressortissants français est-elle encore une des fonctions d'une mission diplomatique ?
5. Le dialogue des cultures est-il encore à l'ordre du jour ? Si oui, pourquoi ? Si non, pourquoi ?
6. Le métier d'ambassadeur est-il aussi important qu'au début du XXe siècle ?
7. L'ambassadeur doit-il prendre part à la compétition économique ?
8. Qu'est-ce que la Francophonie ?
9. Quelle est votre vision du métier d'ambassadeur ?

2. La vie du diplomate : particularités

1 Particularités liées au statut

I. Convention de Vienne

La Convention de Vienne sur les relations diplomatiques (18 avril 1961) précise les règles d'établissement et de rupture des relations diplomatiques, leurs modalités ainsi que les privilèges et immunités dus aux agents et aux missions diplomatiques.

Les articles 29 à 39 de cette convention énumèrent les immunités et privilèges reconnus aux membres des missions diplomatiques. Article 29 : « la personne de l'agent diplomatique est inviolable. Il ne peut être soumis à aucune forme d'arrestation ou de détention. L'État accréditaire le traite avec le respect qui lui est dû, et prend toutes mesures appropriées pour empêcher toute atteinte à sa personne, sa liberté et sa dignité. »

29 Complétez le texte ci-dessous à l'aide des mots suivants :
agents – à l'étranger – au bénéfice (de) – garantir – prérogatives – régime – sécurité.

1. Les États ne disposent pas ...*à l'étranger*... des moyens leur permettant de ...*garantir*... l'indépendance et la ...*sécurité*... de leurs agents diplomatiques, de leurs immeubles et de leurs transmissions.
2. Un ...*régime*... dérogeant aux ...*agents*... de la souveraineté a donc été établi ...*au bénéfice*... des missions diplomatiques pour permettre aux ...*prérogatives*... diplomatiques d'exercer librement leurs fonctions.

30 Soulignez le terme qui n'est pas à sa place dans chaque série.
Ex. : Chef de mission, chef de poste, ambassadeur, <u>missionnaire</u>

1. Souveraineté – indépendance – pouvoir – autoritarisme – autorité suprême.
2. Privilège – droit – <u>dépens</u> – avantage – prérogative.
3. Respecter – violer – enfreindre – transgresser – contrevenir.
4. Atteinte – attentat – injure – outrage – préjudice.
5. Dignité – respect – fierté – honoraire – honneur.

II. Immunités et privilèges

31 Soulignez le mot qui convient.

1. L'immunité de juridiction[1] exonère les agents diplomatiques de poursuites (peinardes, pénibles, <u>pénales</u>) et civiles devant les (conseils, tribunaux, <u>justices</u>) de l'État accréditaire.
2. En matière pénale, l'immunité de juridiction est absolue pour les délits et les (contraventions, infractions, <u>crimes</u>) même en cas de flagrant délit, y compris dans une affaire criminelle.
3. En matière (<u>civile,</u> civique, civiliste) et administrative, l'immunité de juridiction est presque totale sauf pour des (différends, <u>différents,</u> différences) personnels : immeubles privés, successions…
4. Toute compétence (<u>judiciaire,</u> juridictionnelle, justiciable) est transférée aux magistrats du pays qui a envoyé le diplomate. Les agents diplomatiques jouissent de l'immunité fiscale et sont exemptés du paiement de l'impôt sur le territoire de l'État accréditaire.

Les locaux de la mission diplomatique (bâtiments utilisés aux fins de la mission, résidence privée de son chef et parfois des agents) sont inviolables, c'est-à-dire bénéficient d'une <u>protection particulière,</u> ce qui incite parfois des nationaux des pays de résidence à y chercher abri et à demander l'asile. Il n'existe pas en principe de droit d'asile dans les locaux diplomatiques, même en faveur de réfugiés politiques. Les ambassadeurs n'ont pas à s'immiscer, même pour des raisons humanitaires, dans la politique intérieure de l'État auprès duquel ils sont accrédités, mais la pratique internationale semble admettre un droit de refuge temporaire.

32 Complétez les phrases ci-dessous à l'aide des termes suivants :
abri – asile – refuge – réfugiés – accorder – se réfugier (à conjuguer)

1. Sous le second Empire, de nombreux républicains .....*se réfugient*..... à l'étranger.
2. Ils ont vainement cherché ....*refuge*.... auprès de leurs voisins, mais ils n'ont pu se mettre en sûreté et ils ont été arrêtés par la police.
3. Ils ont construit un .....*abri*..... antiatomique.
4. Les réfugiés ont demandé l'....*asile*.... politique à la France.
5. Les ....*réfugiés*.... politiques ont demandé asile à la France qui le leur ....*l'accorde*....

---

1. juridiction : ensemble des tribunaux de même catégorie.

33 **A) Complétez la définition de** *droit d'asile** *à l'aide des termes suivants :*
abri – accorder – compétence – individus – livrer – politiques – se réfugient –
sauf-conduits – territoire.

▶ Droit d'asile, *sens général* : droit d'asile territorial ou asile interne.

1. Droit ou faculté d'un État dit de refuge d' ...*accorder*... à un étranger un
   ...*abri*... sur son territoire.

▶ Droit d'asile, *sens particulier* : droit d'asile externe.

2. Situation où un État accorde à des ...*individus*... un abri dans des lieux qui
   sont en dehors de son ...*territoire*..., mais relèvent de sa ...*compétence*...

3. Le droit d'asile diplomatique est une forme particulière de ce droit. Le chef de
   mission de l'État accréditant peut refuser de ...*livrer*... aux autorités de
   l'État accréditaire des personnalités ...*politiques*... de ce dernier qui
   ...*se réfugient*... dans les locaux de la mission, et peut obtenir pour eux des
   ...*sauf-conduits*... pour leur permettre de s'expatrier.

B) Complétez la définition de *refuge* **à l'aide des termes suivants :**
abri – juridiction – momentané – octroi – en péril.

4. Refuge = ...*abri*... contre un danger.

5. Refuge = abri ...*momentané*... au profit de personnes dont la vie est
   ...*en péril*..., accordé par un État dans des locaux qui sont sous sa
   ...*juridiction*... en territoire étranger.

6. Cette protection se distingue de l'asile par sa durée et ses conditions
   d' ...*octroi*...

Correspondance :

Article 27 de la Convention de Vienne « 1. l'État accréditaire permet et protège la
libre communication de la mission pour toutes fins officielles…

2. la correspondance officielle de la mission est inviolable… »

34 Complétez le tableau ci-dessous à l'aide du verbe, du nom, ou de l'adjectif correspondant.

VERBES	NOMS	ADJECTIFS
Ex. : transmettre	Une transmission	transmissible
1. Admettre	admission	admissible
2. Déroger	dérogation	dérogatoire
3. restreindre	Une restriction	restrictif
4. accréditer	accréditation	accréditaire
5. délivrer	Une délivrance	délivrant
6. Exonérer	exonération	exonéré / exonérable
7. exempter	Une exemption	exemptoire
8. Enfreindre	enfreinction	
9. atteindre	Une atteinte	atteint
10. Détenir	détention	
11. Transférer	transfert	transférable

La Convention de Vienne sur les relations consulaires (24 avril 1963) traite en son chapitre II des « Facilités, privilèges et immunités concernant les postes consulaires, les fonctionnaires consulaires de carrière et les autres membres d'un poste consulaire. »

▶ Les immunités du poste consulaire sont analogues à celles d'une mission diplomatique mais limitées plus strictement à la protection de la fonction. *Exemple :* l'inviolabilité des locaux consulaires est consacrée de la même façon que celle des locaux diplomatiques mais la résidence particulière du chef de poste consulaire n'est pas protégée par l'inviolabilité comme celle de l'ambassadeur car le consul n'est pas le représentant de son État.

▶ L'article 40 énonce que « l'État de résidence devra traiter les fonctionnaires consulaires avec le respect qui leur est dû et prendre toutes les mesures appropriées pour empêcher toute atteinte à leur personne, leur liberté et leur dignité ». C'est seulement un devoir de protection et de notification à l'État d'envoi des arrestations éventuelles qui est appliqué au consul et non la notion d'inviolabilité. L'agent consulaire jouit d'une immunité de juridiction civile et pénale et d'exemptions fiscales limitées aux actes accomplis dans l'exercice des fonctions consulaires.

35 Vrai ou faux ?

	Vrai	Faux
1. La notion d'inviolabilité est appliquée à la personne du consul.	☑	☐
2. La Convention de Vienne sur les relations consulaires traite des relations diplomatiques entre les États.	☑	☐
3. Le consul est considéré comme le représentant de l'État qui l'envoie.	☐	☑
4. Le consul jouit partiellement d'exemptions fiscales.	☑	☐
5. L'État de résidence doit prendre toutes les mesures appropriées pour empêcher toute atteinte à la dignité du fonctionnaire consulaire.	☑	☐
6. Les immunités du poste consulaire sont exactement les mêmes que celles de la mission diplomatique.	☐	☑

III. Passeports diplomatiques et de service

Il est d'usage de délivrer aux fonctionnaires des carrières diplomatiques et consulaires des passeports spécifiques qui leur accordent un traitement parti-culier. Le passeport diplomatique est délivré par l'État accréditant à son personnel diplomatique et aux personnes effectuant une mission de représentation officielle à l'étranger. Les fonctionnaires internationaux de l'ONU ont des passeports de l'ONU. Le passeport de service est établi par le ministère de l'Intérieur pour les fonctionnaires qui accomplissent une mission administrative à l'étranger dans le cadre de leur service. Il permet de passer les frontières plus facilement qu'avec un passeport ordinaire.

36 Reliez les éléments de la colonne A et ceux de la colonne B.

A	B
1. accorder	a) un passeport
2. bénéficier	b) à des poursuites
3. se soustraire	c) de l'immunité de juridiction civile et pénale
4. exercer	d) un droit
5. s'immiscer	e) l'asile diplomatique
6. commettre	f) une infraction
7. délivrer	g) dans les affaires intérieures d'un pays

37 Quelle couleur pour chacune des cartes ci-dessous ?

1. Une carte bancaire : ....
2. Un titre de propriété d'une voiture : ......rose............
3. Une carte d'abonnement pour les transports parisiens : ....
4. Un document d'assurance automobile : .....blanc...........

38 Voici quelques expressions avec carte. Vous remplirez les phrases qui suivent en choisissant l'une d'entre elles.

> **Brouiller les cartes :** compliquer une situation, semer la confusion, obscurcir volontairement une affaire pour la rendre difficile à comprendre.
> **Jouer sa dernière carte :** entreprendre une dernière tentative.
> **Jouer cartes sur table :** être franc, loyal ; agir à découvert sans rien dissimuler.
> **Voir, connaître le dessous des cartes :** saisir le secret d'une affaire, le dessein caché de quelqu'un.
> **Donner carte blanche à quelqu'un :** donner un blanc-seing, laisser quelqu'un libre de décider.

1. Dans cette mission nous vous ~~donnons carte~~ *blanche à quelqu'un*, nous vous laissons libre d'agir à votre guise. *voit le dessous des cartes*
2. Il sait qu'il ~~joue carte~~ .... et que, s'il échoue encore cette fois-ci, tout est perdu.
3. Dans cette discussion sur les OGM, certains experts n'ont pas *joue cartes sur la* et ont dissimulé des informations importantes. *table*
4. Nos ennemis ont *brouillé les cartes* la situation est très confuse.
5. Pour négocier la restitution des otages, il faudrait mieux connaître les circonstances et *joue sa dernière carte*

39 Carte, permis, visa ou autorisation ?

Ex. : .... de conduire = permis de conduire

1. ......*visa*...... de censure
2. ....*permis*.... de chasse, de pêche
3. .... d'absence
4. .... d'un supérieur hiérarchique
5. *autorisation* de sortie du territoire
6. .....*carte*..... de séjour
7. ....*permis*.... de construire
8. ~~autorisation~~ d'exploitation d'un film
9. ....*permis*...... de travail
10. .....*carte*...... de visite

IV. Levée de l'immunité diplomatique

La levée d'immunité (immunité de juridiction) appartient à l'État accréditant. L'agent diplomatique ne peut pas renoncer de lui-même à son immunité pour être traduit devant un tribunal de l'État accréditaire. Cette levée de l'immunité diplomatique est réservée à des circonstances exceptionnelles.

40 **Répondez aux questions suivantes en vous référant aux différents textes ci-dessus.**

1. Pourquoi un régime particulier a-t-il été établi au bénéfice des missions diplomatiques ? ....

2. Peut-on définir les immunités diplomatiques comme des restrictions que l'État de résidence s'impose ? ....

3. Peut-on demander asile à une mission diplomatique ? ....

4. Qui est garant de la liberté et de la dignité du diplomate ? ....

5. Qui peut poursuivre un diplomate qui a commis un crime ? ....

6. Les agents diplomatiques sont-ils exemptés d'impôts ? ....

7. Qui peut lever l'immunité diplomatique ? ....

2 Particularités liées à la personne

I. Qualités requises

Voici deux points de vue sur la diplomatie :

« La diplomatie est un art subtil et aléatoire, combinant l'adresse, la dissimulation, la tactique. Elle se traduit souvent par des manœuvres tendant à nuire à des concurrents, à semer la méfiance entre des alliés, à discréditer des adversaires, à dénoncer et à calomnier, à utiliser tous les prétextes de rupture et tous les procédés du double jeu ».

« Il y a certainement des personnalités qui ne seront jamais de bons diplomates, parce qu'elles ne sont pas capables de cette souplesse, de ce doigté, de cette patience et de cette chaleur qui sont nécessaires à l'établissement de relations de bonne qualité avec des étrangers ».

41 **Transformez les noms en adjectifs de la même famille.**

Ex. : Loyauté = loyal

Nom	Adjectifs
1. adresse	a) ....
2. circonspection	b) .... *circonspect* ....
3. finesse	c) ....
4. habileté	d) ....
5. réserve	e) .... *réservé* ....
6. retenue	f) .... *retenue* ....
7. prudence	g) .... *prudent* ....

8. précaution h) ....

9. réflexion i) .... *réfléchi* ....

10. modération j) .... *modéré* ....

11. perspicacité k) ....G.. *perspicace* ....

12. sagacité l) ...G....................................

13. subtilité m) ....

14. ingéniosité n) ....

15. talent o) .... *talentieux* ....

16. ruse p) .... *rusé* ....

17. astuce q) .... *astucieux* ....

18. roublardise r) .... *roublardeux* ....

19. rouerie s) .... *roué* ....

20. hypocrisie t) .... *hypocrite* ....

21. mensonge u) .... *menteur* ....

22. combine v) .... *combinard* ....

23. intrigue w) .... *intrigant* ....

24. manipulation x) .... *manipulateur* ....

25. manœuvre y) .... *Manœuvrier* ....

42 **Qualités ou défauts pour un diplomate. Classez les mots suivants dans la colonne Q, D, ou les deux, selon qu'ils désignent une qualité ou un défaut pour un diplomate.**

	Q	D	les deux
1. détermination	☑	☐	☐
2. susceptibilité	☐	☑	☐
3. mauvaise foi	☐	☑	☐
4. obstination	☐	☐	☑
5. scepticisme	☐	☐	☑
6. souplesse	☑	☐	☐
7. imprudence	☐	☑	☐
8. intuition	☑	☐	☐
9. fermeté	☐	☐	☑
10. légèreté	☐	☐	☐
11. probité	☑	☐	☐
12. duplicité	☐	☑	☐

...ogie : ensemble des devoirs qu'impose à des profesionnels l'exercice de ...etier.

« ...hique de la diplomatie doit certes être celle des méthodes, dans l'exercice de la communication entre les États, sincère, effective, persuasive, pacifiante. Elle doit être aussi celle des finalités : le respect de la dignité de chaque peuple, l'accepta tion de sa responsabilité par chaque gouvernement, une aspiration commune vers un idéal international d'ordre et de justice ».

Alain Plantey, *De la diplomatie entre les États. Principes de diplomatie.* Pedone.

43 **Reliez les éléments de la colonne A et ceux de la colonne B.**

A
1. prendre
2. accepter
3. apaiser b
4. aspirer
5. exécuter
6. promouvoir
7. arrêter
8. préserver

B
a) à la justice
b) les susceptibilités
c) sa responsabilité
d) sa réputation
e) des engagements
f) une position respectable
g) les instructions reçues
i) une évolution harmonieuse des relations internationales

3 L'art et la manière, usages diplomatiques

I. Le protocole

Le protocole c'est d'abord l'ensemble des règles qui régissent la correspondance du chef de l'État ou du ministre des Affaires étrangères. Au sens strict « le céré-monial du chef de l'État » signifie le protocole de sa correspondance. Au sens d'étiquette, le protocole est l'ensemble des préséances que l'on doit observer dans les cérémonies et les réunions officielles.

44 **Complétez le texte ci-dessous avec les mots suivants :**
consacré – étiquette – fixé – ordre – précéder

Préséance : droit .... par l'usage ou .... par l' .... d'être placé avant les autres, de les .... dans l' .... honorifique dans une cérémonie officielle.

Le respect des préséances et des formes est essentiel dans les réceptions officielles et privées (une cérémonie est officielle lorsque les participants sont invités en raison de leur dignité ou de leur rôle dans la sphère publique). Les chefs des missions diplomatiques étant accrédités auprès du chef de l'État, ils participent en corps aux cérémonies officielles auxquelles le chef de l'État assiste. Au sens large, le corps diplomatique se compose des membres des missions accréditées dans une capitale, auxquels les États accréditants ont conféré le statut de diplomate. Au sens étroit, le corps diplomatique se compose des chefs de mission et des chefs des délégations auprès d'organisations internationales.

45 **Faire coïncider les termes de la colonne B et leur définition en colonne A :**

A	B
1. Ensemble des personnes qui bénéficient juridiquement du droit de voter.	a) corps diplomatique (CD)
2. Ensemble des chefs de mission accrédités au même moment auprès du même État ou de la même organisation internationale.	b) grands corps (de l'État)
3. Ensemble des consuls étrangers admis à exercer leurs fonctions au même moment, dans un même État de résidence.	c) corps constitués
4. Ensemble des hauts fonctionnaires de l'État considérés comme les plus importants (Conseil d'État, inspection des Finances, Cour des comptes...).	d) corps électoral
5. Nom donné dans la pratique et protocolairement aux plus importants organes officiels (parlement, gouvernement, Conseil d'État, Cour de cassation...)	f) corps consulaire

Retenir que les fonctionnaires sont toujours regroupés par corps : corps préfectoral, corps professoral etc.

La liste diplomatique comporte les noms, rangs et qualités de tous les agents diplomatiques. L'inscription sur cette liste entraîne l'octroi des privilèges et immunités. Le corps diplomatique, soumis à un ordre protocolaire précis est conduit par son doyen, c'est-à-dire le chef de mission le plus anciennement accrédité dans la classe la plus élevée. C'est le doyen qui prend place à la tête du corps diplomatique quand il se réunit officiellement lors des cérémonies publiques. Il peut également effectuer certaines démarches au nom de l'ensemble des diplomates d'un pays hôte et recevoir les communications des autorités de ce pays qui les concernent.

Rang : ordre de préséance entre chefs de mission appartenant à la même classe. Article 16 de la Convention de Vienne : 1. « les chefs de mission prennent rang dans chaque classe* suivant la date et l'heure à laquelle ils ont assumé leurs fonctions (…) ».

46 **Reliez les éléments de la colonne A et ceux de la colonne B.**

A	B
1. serrer les rangs	a) entrer en concurrence avec d'autres pour obtenir quelque chose
2. rentrer dans le rang	b) arriver à un poste élevé après avoir été d'un rang inférieur
3. se mettre sur les rangs	c) figurer parmi, être au nombre de
4. sortir du rang	d) se disperser, se séparer en parlant de soldats « rangés »
5. prendre rang parmi, dans	e) renoncer à ses prérogatives ; abandonner ses velléités d'indépendance
6. tenir son rang	f) tomber à un état, à un rang inférieur à celui que l'on occupait dans la société
7. déchoir de son rang	g) avoir le grade de
8. rompre les rangs	h) prendre place dans l'ordre des préséances
9. avoir rang de	i) se rapprocher les uns des autres pour tenir moins de place ; s'unir pour mieux affronter les difficultés
10. avoir rang avant, après quelqu'un	j) se comporter selon les exigences d'une situation en vue

47 **Complétez le texte ci-dessous avec les prépositions ou locutions suivantes :**
à savoir – auprès – en – sur

.... matière diplomatique, la classe est la manière de distinguer les diplomates notamment selon la personne .... de laquelle ils sont envoyés.

Article 14 de la Convention de Vienne .... les relations diplomatiques : les chefs de mission sont répartis .... trois classes .... : **a.** celle des Ambassadeurs ou nonces accrédités .... des chefs d'État et des autres chefs de mission ayant un rôle équivalent ; **b.** celle des envoyés, ministres ou internonces accrédités .... des chefs d'État ; **c.** celle des chargés d'affaires accrédités .... des ministres des Affaires étrangères.

---

* Pour la signification de « classe », se reporter à l'exercice 47.

II. Réception à la résidence et étiquette

Ponctualité

Lors d'une réunion à laquelle participe le chef de l'État ou lors d'une réception organisée en l'honneur du président de l'État accréditaire, les invités doivent être tous présents avant l'arrivée de ces personnalités.

Repas

Un « repas officiel » ne comporte que des convives invités en raison de leurs fonctions officielles, les conjoints ne sont pas invités. Lors d'un « repas intime », les personnalités officielles et leurs conjoints sont invités. Le « repas privé » a lieu dans la résidence personnelle des hôtes avec des invités de leur choix. L'invitation à un repas, même officiel, présente un caractère personnel, on ne peut pas s'y faire représenter comme à une cérémonie publique. Le placement à table est déterminé par le rang des invités dans l'ordre protocolaire officiel. Lors d'un repas auquel participent des diplomates d'États différents et des personnalités de l'État accréditaire, il convient d'éviter les propos qui pourraient être considérés comme une immixtion dans les affaires intérieures d'un État, ou pourraient déclencher un incident diplomatique. Les chefs d'État sont considérés comme chez eux dans les locaux diplomatiques de leur État, ils président donc toutes les réceptions organisées en leur ambassade et les cartons d'invitation sont libellés (= rédigés) à leur nom.

48 **Complétez le texte ci-dessous avec les termes suivants :**
autrui – compétence – s'immiscer – intervenir

Immixtion : action de ....*s'immiscer*.... dans les affaires d' ....*autrui*........., c'est-à-dire d' ...*intervenir*.... indûment et indiscrètement dans ce qui est de la ....*compétence*.... d'autrui.

49 **Trouvez l'adjectif correspondant au nom :**

Ex. : personne – personnel(elle)

Nom		Adjectifs
1. direction	a)	....
2. protocole	b)	*protocolaire*
3. ministre	c)	*ministériel*
4. président	d)	*présidentiel*
5. convive	e)	*convivial*
6. prestige	f)	*prestigieux*
7. résidence	g)	*résidentiel*
8. nom	h)	....

Titres officiels

Dans le monde entier, on donne aux personnalités politiques, aux chefs des missions diplomatiques, aux hauts fonctionnaires, le titre de leur fonction : Monsieur le Président, Monsieur l'Ambassadeur, Madame le Ministre, Monsieur le Secrétaire d'État… Le titre d'Excellence, même s'il n'existe pas dans le protocole local s'applique aux hautes personnalités politiques de l'État, aux ambassadeurs, aux ministres plénipotentiaires…

Préséances

On distingue les préséances protocolaires officielles, de droit, marques d'honneur accordées sur la base d'un titre d'autorité reconnue et les préséances de courtoisie à caractère exceptionnel, accordées à un invité qui n'a pas de fonction diplomatique mais jouit d'une position et d'un prestige particulier unanimement reconnu.

50 **Remplacez les expressions soulignées dans le texte ci-dessous par l'une de celles qui contiennent le mot titre en faisant les adaptations nécessaires :**

accorder le titre – à titre exceptionnel – gros titres – sur titre – titre (× 2)

Les <u>manchettes</u> .... de la Une soulignaient que c'était vraiment <u>pour une raison extraordinaire</u> .... que l'on avait <u>nommé</u> .... grand maître notre champion. Admis une nouvelle fois à concourir <u>en raison de sa qualification,</u> .....Sur titre..... il avait mis en jeu <u>sa distinction</u> ......titre........... de meilleur orateur de sa promotion, l'avait bien défendu et avait à nouveau remporté <u>la victoire</u> .....titre...........

51 **Trouvez dans la colonne B un équivalent de l'expression soulignée en A.**

A	B
1. Il a été récompensé à <u>juste titre</u>	**a)** attitré
2. <u>À quel titre</u> souhaitez-vous être mentionné dans la revue ?	**b)** en qualité de, en guise de
3. Il mérite des égards <u>au même titre</u> que son homologue	**c)** pour cette raison
4. C'est le fournisseur <u>en titre</u> de l'ambassadeur	**d)** à de nombreux égards
5. Le doyen représente ses pairs et, <u>à ce titre</u>, peut effectuer certaines démarches en leur nom	**e)** de la même manière que
6. Il mérite d'être nommé ambassadeur <u>à plus d'un titre</u>	**f)** à bon droit, avec justice

52 Complétez le texte ci-dessous avec les termes suivants :
corps diplomatique – déposer – dépôt – effectuer – homologues – manuscrite

Le ......*dépôt*...... des cartes de visite.

Dès son arrivée dans la capitale de son État de résidence, le diplomate doit ......*déposer*...... sa carte de visite (avec les initiales P.P – pour présentation) à ses ......*homologues*...... du ministère des Affaires étrangères et à tous les membres du ......*corps diplomatique*... S'il n'a pas le temps d' ......*effectuer*...... toutes les visites qu'on attend de sa part, il peut envoyer des cartes de visite mais il est plus correct de les déposer personnellement. Les cartes portent une indication ......*manuscrite*...... en abrégé dont la langue est toujours le français.

La signification :

P.P : pour présentation	**P.R :** pour remercier
P.F.C : pour faire connaissance	**P.C :** pour condoléances
P.P.C : pour prendre congé	**P.F.F.N :** pour félicitations pour fête nationale

---

Selon l'usage, les cartes en réponse sont renvoyées dans les vingt-quatre heures. En France, le service du protocole est rattaché au secrétariat général du ministère. Il est placé sous la direction du chef du protocole qui a en charge le protocole du ministère des Affaires étrangères et celui de la présidence de la République.

Il est :

– le responsable de l'application des immunités diplomatiques aux diplomates étrangers en poste à Paris…

– « l'Introducteur des ambassadeurs » auprès du président de la République lors des audiences de remise des lettres de créance des ambassadeurs étrangers…

– chargé des déplacements officiels des présidents de la République, du Premier ministre et du ministre des Affaires étrangères et également de ceux des personnalités étrangères en France…

53 Vrai ou faux ?

	Vrai	Faux
1. Le doyen du corps diplomatique est le plus ancien des ambassadeurs accrédités dans un pays.	❐	❐
2. En France, le service du protocole est placé sous la responsabilité d'un directeur de protocole.	❐	❐
3. Ce directeur a en charge le protocole de Matignon.	❐	❐
4. C'est lui qui sollicite et obtient les audiences auprès des ambassadeurs étrangers pour la remise des lettres de créance au président de la République.	❐	❐
5. Le corps diplomatique est soumis à un ordre protocolaire précis.	❐	❐
6. Le service du protocole est l'interlocuteur des missions diplomatiques pour les visites, audiences, privilèges et immunités.	❐	❐

3. Les domaines d'intervention et le MAE

1 Les domaines d'action

La diplomatie intervient dans de multiples domaines, chaque fois que les intérêts de la France doivent être protégés, défendus, mis en valeur. L'émergence de nouveaux acteurs non étatiques sur la scène internationale ne fait qu'étendre son champ de compétences.

I. Action politique

La diplomatie politique, « diplomatie classique » occupe une place importante au sein des organisations internationales et régionales et la prévention des conflits reste une des tâches majeures des diplomates selon les principes exposés dans la Charte des Nations unies :

Chapitre I de la Charte des Nations unies
Buts et principes
Article 1

Les buts des Nations unies sont les suivants :

1. Maintenir la paix et la sécurité internationales et à cette fin : prendre des mesures collectives efficaces en vue de prévenir et d'écarter les menaces à la paix, et réaliser, par des moyens pacifiques, conformément aux principes de la justice et du droit international, l'ajustement ou le règlement de différends ou de situations, de caractère international, susceptibles de mener à une rupture de la paix ;

2. Développer entre les nations des relations amicales fondées sur le respect du principe de l'égalité de droits des peuples et de leur droit à disposer d'eux-mêmes, et prendre toutes autres mesures propres à consolider la paix du monde ;

3. Réaliser la coopération internationale en résolvant les problèmes internationaux d'ordre économique, social, intellectuel ou humanitaire, en développant et en encourageant le respect des droits de l'homme et des libertés fondamentales pour tous, sans distinctions de race, de sexe, de langue ou de religion ;

4. Être un centre où s'harmonisent les efforts des nations vers ces fins communes.

54 Transformer le groupe verbal en groupe nominal.

Ex. : rétablir la paix → le rétablissement de la paix

1. Intervenir dans un domaine → *intervention*
2. Maintenir la paix → ....
3. Prévenir un conflit → *prevention*
4. Protéger les intérêts → *protection*
5. Prendre des mesures efficaces → *prise*
6. Développer des relations amicales → *developpement*
7. Résoudre les problèmes → *resolution*
8. Harmoniser les efforts des nations → *harmonisation*

55 Trouvez l'adjectif de sens contraire :

Ex. : une tâche majeure : une tâche mineure

1. Des mesures collectives : des mesures ....
2. Des mesures efficaces : des mesures ....
3. Des moyens pacifiques : des moyens ....
4. Des relations amicales : des relations ....
5. Des mesures propres : des mesures ....
6. Des libertés fondamentales : des libertés ....
7. Ces fins communes : ces fins ....

Partie au traité de l'Atlantique Nord (OTAN), la France est aussi membre de l'Organisation pour la Sécurité et la Coopération en Europe (OSCE) et du Corps européen qui compte près de 13 000 Français. La construction européenne est centrale dans la politique étrangère française, les 25 pays de l'Union représentent le troisième ensemble de la planète avec un quart de la richesse mondiale.

II. Action économique, financière et commerciale

L'action diplomatique est encadrée par l'OMC, Organisation mondiale du commerce, qui s'est substituée au GATT en 1995 et dont l'objectif est de devenir le lieu d'une négociation commerciale permanente et de gérer les procédures de règlements des conflits entre pays membres.

Par leur connaissance de l'économie du pays où ils sont accrédités et leurs contacts avec les autorités locales, les ambassadeurs peuvent favoriser l'implantation d'entreprises françaises à l'étranger ou l'obtention de gros chantiers (construction d'une centrale nucléaire par exemple). Ils informent et conseillent au plus haut niveau les entreprises et le gouvernement local.

La diplomatie intervient également dans le domaine économique et financier en relations avec les institutions spécialisées des Nations unies et les deux institutions financières internationales : le FMI et la Banque mondiale. Mais les diplomates n'ont pas le monopole dans ce domaine, la DGTPE (Direction générale du Trésor et de la politique économique) joue un rôle de premier plan dans les négociations économiques et commerciales internationales.

56 Complétez les phrases ci-dessous à l'aide des mots suivants :
organisme – institution – organisation (× 2) – entreprise – administration (× 2) – ministère – établissement – Institut

1. L' *administration* centrale dont dépendent les agents diplomatiques s'appelle le *ministère* des Affaires étrangères.
2. Au lendemain de la Seconde Guerre mondiale ont été créées plusieurs *organisations* internationales ainsi que des *institutions* spécialisées comme la FAO, l'ONUDI, l'OIT, le PNUD, la CNUCED.
3. ONG signifie *organisation* non gouvernementale.
4. Les *organismes* de formation professionnelle offrent tout au long de la carrière la possibilité d'approfondir la formation initiale reçue dans un .... scolaire ou universitaire : lycée, université, école ou ....
5. Certains hauts fonctionnaires quittent l' .... pour des postes de direction dans l' ....

57 Dans les phrases ci-dessous, remplacez le mot domaine par le synonyme convenable :
exploitation – champ – étendue – spécialité – ressort

1. L'action diplomatique s'étend aussi au *domaine* .... commercial.
2. L'étendue des *domaines* .... agricoles varie beaucoup selon les régions.
3. Je ne peux répondre à cette question, ce n'est pas de mon *domaine* ....
4. Devant l'immense *domaine* .... de connaissances nécessaire pour passer le concours de secrétaire, cadre Orient, plus d'un candidat renonce.
5. Dans son *domaine*, ... ce chercheur est à la pointe des avancées techniques.

Retenir également que le *Domaine* désigne les biens de l'État et le service *des domaines* (ou les domaines), les services chargés d'administrer les biens de l'État.

III. La coopération internationale

La solidarité et la volonté de contribuer au développement durable de la planète sont des éléments fondamentaux de la politique étrangère de la France.

▶ D'une part, la France apporte son aide dans la lutte contre la pauvreté et l'exclusion sociale, la lutte contre les grandes endémies, pour l'allègement de la dette des pays pauvres très endettés, d'autre part, elle favorise la recherche et la formation scientifique et technique.

▶ La France accueille environ 220 000 étudiants étrangers chaque année et encourage les partenariats universitaires. Elle favorise l'usage du français dans le monde et contribue au développement des moyens culturels, notamment au Maghreb et en Afrique subsaharienne. Elle assure une présence dans le paysage audiovisuel mondial grâce à la chaîne de télévision TV5 et à Radio France Internationale (RFI) et soutient la diffusion du cinéma français.

58 **Associez les termes de la colonne A et leur définition dans la colonne B.**

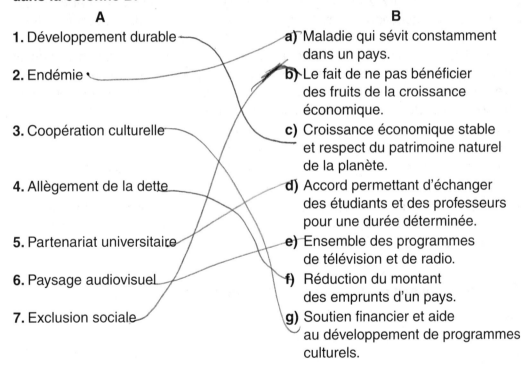

A

1. Développement durable

2. Endémie

3. Coopération culturelle

4. Allègement de la dette

5. Partenariat universitaire

6. Paysage audiovisuel

7. Exclusion sociale

B

a) Maladie qui sévit constamment dans un pays.

b) Le fait de ne pas bénéficier des fruits de la croissance économique.

c) Croissance économique stable et respect du patrimoine naturel de la planète.

d) Accord permettant d'échanger des étudiants et des professeurs pour une durée déterminée.

e) Ensemble des programmes de télévision et de radio.

f) Réduction du montant des emprunts d'un pays.

g) Soutien financier et aide au développement de programmes culturels.

L'action humanitaire

La France accorde une place spécifique à l'action humanitaire et au développement du droit international humanitaire. Le MAE coordonne les interventions de la Sécurité civile, du SAMU mondial, du service de santé des armées.

▶ Un budget important est alloué aux programmes des organisations internationales, des agences humanitaires de l'ONU (HCR, et UNICEF) et du CICR.

▶ Enfin une contribution de plus de 100 millions d'euros est consacrée actuellement dans le cadre européen à l'aide aux pays en détresse à la suite d'une catastrophe naturelle ou d'une crise politique.

59 Reliez les verbes de la colonne A et les mots ou expressions proposés dans la colonne B :

A	B
1. Accorder	**a)** au développement d'un programme
2. Allouer	**b)** une place importante à l'humanitaire
3. Apporter	**c)** les interventions des secours
4. Assurer	**d)** la diffusion de la culture
5. Contribuer	**e)** une présence dans le monde
6. Coordonner	**f)** un rôle important
7. Favoriser	**g)** son soutien à une cause
8. Jouer	**h)** un budget annuel à une ONG

La technicité des problèmes à résoudre et la diversité des négociations à mener sur le plan international conduisent les diplomates à travailler aussi avec des experts choisis à l'extérieur du Quai d'Orsay. Ceux-ci peuvent intervenir par exemple sur les questions d'environnement, de blanchiment de l'argent sale (provenant notamment du trafic de drogue), des OGM, du terrorisme, du droit de la mer ou d'épidémies comme celle de la vache folle. Si parfois les chefs de postes diplomatiques ne sont pas eux-mêmes au premier plan dans une négociation, ils jouent un rôle très important dans la coordination et la compréhension de la situation des pays dans lesquels ils sont accrédités.

❙ Le développement des organisations internationales à vocation universelle a entraîné l'installation de représentations permanentes dans les villes-sièges (New York, Genève, Vienne, Bruxelles) où les ambassadeurs dits « multilatéraux » ont souvent à traiter de questions spécifiques, par exemple du problème du désarmement.

❙ Quel que soit le domaine d'action, l'ambassadeur, chef de poste, ou le représentant permanent, assure l'unité d'action et la cohérence des positions que son gouvernement le charge de défendre.

60 Celui qui agit est un *acteur*. De la même façon :

1. Celui qui intervient est un ....

2. Celui qui négocie est un ....

3. Celui qui expertise est un ....

4. Celui qui coordonne est un ....

5. Celui qui mène est un ....

6. Celui qui défend est un ....

61 Que signifient les sigles suivants ?

1. OTAN ....

2. OSCE ....

3. UE ....

4. OMC ....

5. FMI ....

6. DGTPE ....

7. ONUDI ....

8. OIT ....

9. PNUD ....

10. CNUCED ....

11. HCR ....

12. CICR ....

13. SAMU ....

62 **Cochez la bonne réponse :**

1. Le blanchiment de l'argent sale consiste à
   a) réimprimer les billets usagés ❏
   b) masquer la provenance de cet argent et le recycler dans le circuit bancaire ❏
   c) recycler l'argent dans les soins médicaux aux drogués ❏

2. L'épidémie de la vache folle désigne
   a) la propagation d'une maladie dans les troupeaux de bovins ❏
   b) la brusque montée des prix du bœuf ❏
   c) une consommation excessive de viande de bœuf ❏

3. Une représentation permanente désigne
   a) l'ensemble d'un poste diplomatique ❏
   b) un rôle de représentant de la France à vie ❏
   c) une forme de diplomatie mondaine ❏

4. Une catastrophe naturelle est
   a) un malheur attendu et normal ❏
   b) un sinistre dont la cause se trouve dans la nature ❏
   c) un cataclysme qui affecte seulement la nature ❏

2 Le ministère des Affaires étrangères

I. Structure et grandes directions

Le MAE est l'administration centrale qui met en œuvre la politique étrangère de la France et coordonne les différentes actions menées en direction de l'étranger. La haute direction du ministère actuellement est composée du ministre des Affaires étrangères, des deux ministres délégués : le ministre délégué aux Affaires européennes et le ministre délégué à la Coopération et à la Francophonie, et du secrétaire général qui dirige l'ensemble des services.

▌ Chaque ministre a son cabinet, chargé d'organiser la vie quotidienne du ministre et de faire la liaison avec la présidence de la République et le gouvernement.
Les grandes orientations de la politique étrangère sont prises par le président de la République en concertation étroite avec le ministre des Affaires étrangères et les décisions sont délibérées en Conseil des ministres.

▌ Le secrétaire général assiste le ministre dans l'orientation générale et la conduite des affaires. « Il accueille les personnalités de passage, tient des consultations régulières avec ses homologues des principaux pays, reçoit les ambassadeurs étrangers, remplit des missions à l'extérieur. Il préside à l'organisation et au suivi de la mission des ambassadeurs de France. Il est le coordonnateur et l'arbitre des services, réunissant les directeurs au moins deux fois par semaine. Il veille au bon fonctionnement du ministère. Il est, moralement, le chef de corps des diplomates »[2].

63 **Cochez la bonne réponse :**

1. Coordonner les différentes actions, c'est :
   a) les mettre par ordre de priorité   ❐
   b) donner l'ordre de les exécuter   ❐
   c) faire le lien entre les différents acteurs   ❐
2. Une orientation prise en concertation avec le ministre, c'est :
   a) une orientation prise après consultation du ministre   ❐
   b) une orientation prise en secret avec le ministre   ❐
   c) une orientation imposée au ministre   ❐
3. Délibérer, c'est :
   a) discuter avec d'autres personnes sur une décision à prendre
   en pesant le pour et le contre   ❐
   b) dégager les moyens nécessaires pour mener une action   ❐
   c) lever le secret de l'information   ❐

---

2. François Plaisant, site web du MAE.

64 Complétez les phrases ci-dessous à l'aide des mots suivants :
homologue – analogue – correspondant (nom) – correspondant (adjectif) – équivalent

1. Le ministre des Affaires étrangères a rencontré son .... italien hier. Il exerce des fonctions ....
2. La rédaction d'une convention exige de trouver les termes *Correspondants* d'une langue à l'autre. Parfois il faut se contenter d'un *equivalent*.....
3. La rubrique diplomatique est tenue par les *correspondant* à l'étranger du journal.

II. Organisation

L'organigramme actuel du ministère est établi en tenant compte de critères géographiques et de critères fonctionnels. On peut regrouper les services en 6 grands secteurs :
• La direction générale des Affaires politiques et de Sécurité.
• La direction générale de la Coopération internationale et du Développement.
• La direction des Affaires économiques et financières.
• L'Europe et les directions géographiques.
• La direction des Français à l'étranger et des étrangers en France.
• Les directions transversales.

III. La direction générale des Affaires politiques et de Sécurité s'occupe essentiellement des Affaires multilatérales et de la Sécurité et comprend aussi la Coopération militaire et de Défense.

– La direction des Nations unies et des organisations internationales définit et met en œuvre l'action de la France dans les organisations internationales et intergouvernementales. Elle transmet leurs instructions aux postes diplomatiques et veille au suivi des résolutions de l'ONU. La France étant membre permanent du Conseil de Sécurité de l'ONU, les agents de cette direction sont vivement sollicités lors d'une crise internationale.
– La direction des Affaires stratégiques, de Sécurité et de Désarmement.

65 Pour connaître ses missions, complétez le texte ci-dessous à l'aide des mots suivants :
armement – chimique – coopération – défense – désarmement – destruction massive – prévention – stupéfiants – terrorisme.

1. Elle définit la politique de .... nucléaire et de .... de la course aux .... dans l'espace, de non-prolifération des

armes de .... de désarmement .... et biologique et de maîtrise des armements classiques.

2. Elle traite des questions de sécurité et de ...., notamment dans le cadre de l'Alliance atlantique et de l'UEO.

3. Elle a aussi pour mission la lutte contre le ...., le trafic des ...., la criminalité internationale. Enfin elle suit les affaires de l'OSCE (Organisation pour la sécurité et la .... en Europe) et du Conseil de l'Europe.

66 La non-prolifération = la limitation de la quantité d'armes nucléaires dans le monde.
Sur ce modèle, complétez les définitions suivantes :

1. Le non-alignement =..

2. Un pacte de non-agression = ...

3. Un État non-belligérant =...

4. Le principe de non-ingérence = ...

5. Une politique de non-intervention =..

6. La non-violence = ...

7. Opposer une fin de non-recevoir = ...

Le service de la PESC (Politique étrangère et de sécurité commune)
Le traité d'Amsterdam entré en vigueur en mai 1999 réaffirme la volonté exprimée à Maastricht de définir progressivement une défense commune de l'Union européenne qui pourrait conduire à sa mise en place effective. Le service de la PESC prépare les conseils européens et gère le réseau COREU (CORrespondants EUropéens) : réseau de communications télex des correspondants européens.

IV. La direction générale de la coopération internationale et du développement

▶ Depuis la fusion en 1999 du ministère de la Coopération avec le MAE, cette direction comprend notamment quatre grands secteurs :
– La direction du Développement et de la Coopération technique
– La direction de la Coopération culturelle et du français. Elle suit les activités de l'AEFE, Agence de l'enseignement français à l'étranger qui gère 410 établissements scolaires français à l'étranger dans 127 pays différents et de l'Alliance française. Il y a 800 Alliances françaises dans 131 pays qui enseignent le français à près de 400 000 élèves et contribuent à diffuser la culture française.

▶ Cette direction prend également en charge avec le ministère de la Culture et de la Communication l'AFAA, Association française d'action artistique, pour les échanges culturels internationaux et l'aide au développement, dans les domaines des arts de la scène, des arts visuels, de l'architecture, du patrimoine, des arts appliqués et de l'ingénierie culturelle.

– La direction de la coopération scientifique, universitaire et de recherche, avec le concours d'Édufrance, favorise la venue en France d'étudiants étrangers et les échanges universitaires de chercheurs et de professeurs.

67 Indiquez dans le tableau par une croix si le mot est adjectif, nom ou les deux. Complétez les vides par le mot qui convient.

Ex. : un scientifique (nom), un ouvrage scientifique (adjectif)

	nom	adjectif
Ex : *scientifique*	✔	✔
Ex : *artistique*	*artiste*	✔
1. universitaire	université	✔
2. culturel	culture	✔
3. publique	public	✔
4. chercheur	✔	
5. technique	✔	✔
6. patrimoine	✔	
7. scolaire	scolarité	✔

– La direction de l'audiovisuel extérieur et des techniques de communication. Elle élabore des programmes et des projets en matière d'action audiovisuelle extérieure. Elle intervient dans les négociations internationales portant sur les réseaux de diffusion audiovisuelle et de communication et contribue à la promotion de la diversité culturelle.

La sous-direction de la télévision et de la radio apporte un soutien aux opérateurs concernés (ceux qui mettent en œuvre), oriente et coordonne leur stratégie de diffusion. Elle contribue à la promotion d'œuvres audiovisuelles d'expression française et à la professionnalisation des opérateurs des pays en développement.

68 Programme ou projet ?
Complétez les phrases ci-dessous avec le mot programme ou projet :

1. Le .... architectural de l'ambassade de France à Berlin a été très remarqué.

2. Le .... d'une journée d'ambassadeur est en général chargé.

3. Certains .... de télévision sont soutenus par la DAE afin de favoriser la diffusion de la culture d'expression française.

3 • les domaines d'intervention et le MAE 49

4. Madame Dupin est responsable de .... pour la refonte du site Internet du ministère.

5. La liste des ouvrages présentée dans cette brochure correspond au .... du concours.

6. Le .... de loi pour la confiance dans l'économie numérique a été modifié par le Sénat.

7. Le conseil d'administration de l'ENA a examiné le .... de réforme de la scolarité.

V. La direction des affaires économiques et financières

Cette direction joue un rôle important d'information et de coordination, du fait de l'importance de l'économie dans la mondialisation. Elle entretient des relations avec les autres ministères, les entreprises, le MEDEF (Mouvement des entreprises de France, c'est-à-dire le patronat français). Son directeur assiste le « sherpa », c'est-à-dire le conseiller du chef de l'État pour la préparation des sommets du G8.

▶ Chaque sous-direction a ses missions : affaires financières internationales en relation avec les institutions comme le FMI, la BERD, l'OCDE, questions industrielles et exportations sensibles (par exemple contrôle des exportations d'armements), environnement (pollution, déchets, gestion des cours d'eau et lacs transfrontières, biodiversité…), énergie, transports et infrastructures.

▶ Une mission entreprises, créée récemment, est l'interlocuteur privilégié des entreprises, elle informe les directions géographiques sur les stratégies des grands groupes et, à partir des analyses fournies par les ambassadeurs, édite un document sur les « risques pays » centré sur les pays émergents.

69 Complétez :

1. On appelle .... le conseiller du chef de l'État pour le sommet du G8.

2. Le patronat français est représenté par le ....

3. La BERD, créée en 1990 est la ....

4. La vente d'armement fait partie des exportations ....

5. Un cours d'eau qui traverse plusieurs pays est un cours d'eau ....

6. Le document sur .... éclaire les groupes industriels qui veulent s'implanter dans un pays émergent sur les difficultés qu'ils peuvent rencontrer.

VI. L'Europe et les directions géographiques

Les directions géographiques suivent et coordonnent les relations de la France avec les États situés dans leur zone mais comme l'élargissement de l'UE a donné aux affaires communautaires une importance grandissante, on distingue au sein du MAE la direction de la coopération économique européenne qui suit les politiques communautaires en liaison avec le SGCI et traite des questions institutionnelles et la direction de l'Europe continentale (Est de l'Europe et Balkans).

Le reste du monde se partage entre 4 grandes directions : Afrique et Océan indien, Afrique du Nord et Moyen-Orient, Amériques et Caraïbes, Asie et Océanie.

VII. La direction des Français à l'étranger et des étrangers en France

Une partie du ministère des Affaires étrangères est située à Nantes. On y trouve le service chargé de gérer l'état-civil des Français expatriés qui, pour chacun des Français nés, mariés, divorcés ou décédés à l'étranger, établit l'acte d'état-civil correspondant. Le service des Français à l'étranger protège les Français installés ou de passage à l'étranger dans toutes les situations : formation et emploi, droits civiques, aide aux démunis et aux détenus.

70 Trouvez le nom correspondant à l'adjectif :

Adjectif		Nom
1. Né	a)	naissance
2. Marié	b)	mariage
3. Divorcé	c)	divorce
4. Décédé	d)	décès
5. Installé	e)	installation
6. Civique	f)	civisme
7. Détenu	g)	détention

Le Conseil supérieur des Français de l'étranger représente les Français établis hors de France.

▶ Cette assemblée compte 150 membres élus par les Francais de l'étranger, 12 séna-teurs et 21 personnalités nommées.

▶ Le service des accords de réciprocité a pour mission la négociation et l'applica-tion des accords internationaux qui traitent du droit de la famille et de l'adoption internationale.

▶ Le service des étrangers en France participe à la protection des réfugiés et des apatrides. Il instruit les demandes d'asile. Il applique la politique du gouvernement en ce qui concerne l'entrée et l'installation des étrangers en France. Il coopère avec le ministère de l'Intérieur pour contrôler l'immigration illégale.

▶ Enfin le site Internet du MAE communique des conseils aux voyageurs sur les conditions de déplacement et de sécurité dans tous les pays du monde.

71 **Complétez par l'un des mots suivants :**
apatride – émigré – expatrié – immigré – rapatrié – réfugié.

1. La DFAE assure la protection des Français .... En cas de crise majeure un Français qui vit à l'étranger peut être .... en urgence. Elle veille aux conditions de séjour des ....

2. L'OFPRA est l'office français de protection des .... et des ...., (personnes dépourvues de nationalité légale).

3. Historiquement un .... est une personne qui se réfugia hors de France sous la Révolution. Par analogie le terme désigne une personne qui a quitté son pays pour des raisons politiques.

VIII. Les directions transversales

Ce sont des directions qui assurent le fonctionnement de l'administration centrale : ressources humaines, affaires budgétaires et financières, affaires juridiques. Certains services sont spécifiques du MAE et jouent un rôle particulier dans l'activité diplomatique : ce sont les services d'interprétation et de traduction, de la valise diplomatique, du Chiffre, des Archives et du Protocole.
Il faut enfin mentionner le **porte-parole** du MAE qui est un fonctionnaire chargé d'exprimer la position officielle du MAE auprès des journalistes. Il fait un point avec la presse tous les jours, soit en direct, soit par transmission électronique. Les messages délivrés sont préparés avec le cabinet du ministre et les services, et sont rassemblés dans un bulletin quotidien envoyé aux postes par satellite.
Une permanence est tenue jour et nuit pour répondre aux questions des journalistes.

72 **Complétez le texte à l'aide des mots suivants :**
bulletin – hebdomadaire – journal – message – quotidien – revue de presse.

1. Pour bien s'informer un ambassadeur lit tous les jours les ...., au moins un grand .... national et souvent aussi, chaque semaine, des ....

2. Il lit aussi des .... : sélections d'articles provenant de différents journaux et centrées sur des thèmes liés à son activité professionnelle. Il reçoit le .... du porte-parole du MAE où sont rassemblés les .... officiels du ministre, sans interprétation ni commentaire.

73 Reliez la colonne A et la colonne B :

A	B
1. Le journaliste pose	**a)** des sources économiques du conflit
2. Le ministre demande	**b)** une question
3. Le conseiller culturel s'informe	**c)** une situation
4. La revue de presse traite principalement	**d)** des messages officiels
5. Dans ce rapport il s'agit	**e)** des informations
6. Le rapport analyse	**f)** d'une question thématique
7. Le porte-parole délivre	**g)** sur un sujet

3 La communication du réseau diplomatique

I. Correspondance et télégrammes

La correspondance diplomatique, c'est l'ensemble des communications officielles écrites échangées entre les gouvernements par l'intermédiaire de leur ministère des Affaires étrangères et de leurs agents diplomatiques, entre les ministères des Affaires étrangères et leurs agents diplomatiques et consulaires à l'étranger et entre les missions diplomatiques et les autres missions et consulats de l'État qu'elles représentent.

❱ Lorsque l'ambassadeur rejoint un nouveau poste il reçoit des instructions écrites. Lorsque le MAE correspond avec ses agents à l'étranger, il envoie des dépêches. Ces dépêches peuvent avoir un contenu administratif et traiter de gestion, de budget, ou de questions de personnel. Elles peuvent avoir un contenu politique et sont ainsi le moyen pour le ministre de fixer des objectifs, de demander des informations ou de prescrire des démarches.

En retour, les postes envoient des rapports qui sont des écrits officiels adressés au ministre des Affaires étrangères sur différents sujets. Ces rapports donnent des informations d'actualité qui peuvent avoir déjà été communiquées par les agences de presse mais qui sont vérifiées, analysées et accompagnées d'une réflexion prospective.

❱ L'avènement des nouvelles technologies a transformé les modes de communication : de nombreux messages sont échangés par messagerie électronique et des échanges d'informations se font par Internet à l'aide de bornes sécurisées.

Lorsque le Département correspond avec les ambassades étrangères accréditées en France, il adresse des notes, habituellement rédigées à la troisième personne et qui sont destinées à des communications d'une certaine importance.

La note verbale est une note écrite, ordinaire, impersonnelle. Elle n'est pas signée. C'est une correspondance d'une ambassade avec le ministère des Affaires étrangères de l'État accréditaire. Elle est paraphée et porte le sceau du poste expéditeur. Les ambassades sont fréquemment appelées à « effectuer des démarches » sur un sujet d'actualité ou d'intérêt national. Cette démarche peut donner lieu à une note verbale ou s'effectuer sous la forme d'un entretien demandé par l'ambassadeur. À l'issue de cet entretien le diplomate peut remettre un « non-papier » ou un « aide-mémoire » qui ne revêtent aucun sceau officiel, n'ont ni en-tête ni paraphe.

74 Vrai ou faux ?

	Vrai	Faux
1. La note verbale est transmise oralement.	❏	❏
2. Le ministre des Affaires étrangères utilise la dépêche pour interdire à un ambassadeur de se déplacer.	❏	❏
3. Une dépêche est une forme de correspondance utilisée par le MAE.	❏	❏
4. Les notes sont utilisées pour correspondre entre ministère et ambassades du même État.	❏	❏
5. Un rapport délivre une information plus sûre et plus précise que les médias.	❏	❏
6. Les notes peuvent être rédigées à la troisième personne.	❏	❏
7. La correspondance diplomatique inclut la correspondance privée des ambassadeurs.	❏	❏
8. La note verbale porte un cachet indiquant sa provenance.	❏	❏

Les télégrammes diplomatiques, généralement chiffrés, c'est-à-dire codés, caractérisent l'urgence et la confidentialité. Ils s'échangent dans les deux sens, de l'administration vers les postes et vice-versa à raison de plusieurs milliers quotidiennement. C'est le service du Chiffre qui expédie les télégrammes et qui assure la diffusion de ceux qu'il reçoit en fonction des indications qui y sont portées : « immédiat », « urgent », « pour le Ministre », « pour l'Ambassadeur seul », « secret », « réservé » ou sans mention.

❚ Une grande ambassade envoie une centaine de télégrammes par jour et en reçoit 150 environ.

❚ Au MAE ce sont presque 3 millions de télégrammes qui partent ou arrivent en un an au service du Chiffre.

75 Choisissez l'adjectif qui convient :
confidentiel – secret – personnel – privé – officieux – officiel.

1. Vous envoyez un télégramme crypté (ou chiffré) : c'est un message ....*secret*....

2. Vous envoyez une invitation à un cocktail au secrétaire de l'ambassade : c'est un courrier ...*personnel*......

3. Vous envoyez un rapport à un très petit nombre de personnes en vue d'une négociation : c'est un rapport ...*confidentiel*...

4. Vous annoncez le changement de poste d'un ambassadeur avant sa nomination : c'est une annonce ..*officielle*.. Elle ne deviendra ..*officiel*.... que lorsqu'il sera muni de ses lettres de créance.

5. L'ambassadeur organise de nombreux dîners ....*privés*......... à ses frais à la résidence.

II. Valise diplomatique

Les courriers diplomatiques sont transmis par la valise diplomatique. Le terme de valise désigne en fait des sacs postaux qui sont scellés. Autrefois ces sacs étaient fermés, après leur passage en douane au départ, par de la ficelle cachetée par des plombs. Maintenant ce sont des liens en plastique qui ferment les sacs mais on ne peut les ouvrir qu'en les coupant.

❯ La valise diplomatique peut désigner aussi des conteneurs et des colis de documents et de publications. Personne n'a le droit de les ouvrir pour en vérifier le contenu en raison de l'inviolabilité diplomatique.

❯ Un contrôle très strict est exercé à l'expédition et les objets personnels, les cadeaux, la nourriture ne peuvent pas être expédiés par la valise.
Une sacoche scellée contenant la correspondance confidentielle est accompagnée par un courrier de cabinet, chargé de la remettre au destinataire. Ce courrier est protégé par l'immunité diplomatique pendant sa mission.

76 **Trouvez le nom correspondant :**

Ex. : fermé → une fermeture

1. transmis → .....*transmission*...

2. scellé → ....

3. cacheté → ....

4. confidentiel → ....

5. protégé → ....

6. expédié → ....

77 **Reliez les éléments de la colonne A et ceux de la colonne B :**

A	B
1. colis	**a)** diplomatique
2. conteneur	**b)** à main
3. paquet	**c)** ferroviaire
4. sac	**d)** de facteur
5. sacoche	**e)** cadeau
6. valise	**f)** postal

78 **Complétez l'article 27 de la Convention de Vienne du 18 avril 1961 sur les relations diplomatiques en vous appuyant sur les informations qui précèdent.**

Article 27

1. L'État accréditaire permet et protège la libre communication de la mission pour toutes fins officielles. En communiquant avec le gouvernement ainsi qu'avec les autres missions et consulats de l'État accréditant où qu'ils se trouvent, la mission peut employer tous les moyens de communication appropriés, y compris les courriers diplomatiques et les messages en code ou en .... Toutefois, la mission ne peut installer et utiliser un poste émetteur de radio qu'avec l'assentiment de l'État accréditaire.

2. La correspondance officielle de la mission est .... L'expression « correspondance officielle » s'entend de toute correspondance relative à la mission et à ses fonctions.

3. La .... diplomatique ne doit être ni ouverte ni retenue.

4. Les colis constituant la valise diplomatique doivent porter des marques extérieures visibles de leur caractère et ne peuvent contenir que des documents diplomatiques ou des objets à usage ....

5. Le .... diplomatique, qui doit être porteur d'un document officiel attestant sa qualité et précisant le nombre de colis constituant la valise diplomatique, est, dans l'exercice de ses fonctions, protégé par l'État accréditaire. Il jouit de l'inviolabilité de sa personne et ne peut être soumis à aucune forme d'arrestation ou de détention.

6. L'État accréditant, ou la mission, peut nommer des courriers diplomatiques, *ad hoc.* Dans ce cas, les dispositions du paragraphe 5 du présent article seront également applicables, sous réserve que les immunités qui y sont mentionnées cesseront de s'appliquer dès que le courrier aura remis au .... la valise diplomatique dont il a la charge.

4. Les missions diplomatiques

1 Représenter, informer et protéger

I. Représenter

79 **Complétez le texte ci-dessous avec les expressions ou mots suivants :** *accrédité – associé – correspondances – participe – signés – visés – transmis – visite officielle.*

1. L'ambassadeur .... à la vie de l'État où il réside, il est .... aux manifestations publiques ainsi qu'aux visites de chefs d'États étrangers.

2. L'ambassadeur se trouve aux côtés des personnalités de son État d'envoi en .... dans l'État de sa résidence.

3. Il accompagne le chef d'État auprès duquel il est .... lorsque celui-ci se rend officiellement dans son pays d'origine.

4. C'est au nom de l'ambassadeur que sont rédigées les .... avec les autorités de son pays d'origine ou de son État de résidence.

5. Les télégrammes ou dépêches .... par la valise diplomatique ou le Chiffre sont .... ou .... par lui ou en son nom.

80 **Complétez le texte ci-dessous par les verbes suivants à conjuguer :** *se confier – converser – présenter* (× 2) *– prononcer – reconduire – répondre.*

1. L'ambassadeur .... une courte allocution pour rappeler l'amitié entre les deux pays.

2. Le chef de l'État .... par quelques mots de bienvenue.

3. À l'issue des discours, l'ambassadeur .... au Président les membres de sa suite, tandis que le Président lui .... à son tour les membres de sa maison civile et militaire (ses conseillers).

4. L'ambassadeur et le Président .... en aparté durant quelques instants.

5. Ils .... leurs sentiments sur les événements récents.

6. L'ambassadeur et sa suite .... à leur résidence.

Les Représentations permanentes

▶ Elles siègent auprès des organisations internationales : ONU, OCDE, OTAN, OMC... et de l'Union européenne.

▶ Les représentations permanentes (RP) des États membres de l'Union européenne sont des missions diplomatiques auprès de l'UE chargées de défendre les intérêts de leur État au sein même des institutions de l'UE. Chaque État membre de l'UE nomme un représentant permanent qui a rang d'ambassadeur.

▶ Elles interviennent à plusieurs niveaux :
– elles collectent les informations et jouent le rôle d'intermédiaires entre les institutions, les opérateurs économiques de leurs pays et l'UE ;
– les agents des RP sont les porte-parole de leurs pays dans différentes instances de travail de l'UE.

81 **Complétez le texte ci-dessous précisant les missions et les objectifs de la représentation permanente :**

1. Son rôle : Point de contact entre les autorités françaises et les ...*institutions* de l'Union européenne

2. La RP joue un ...*rôle*... central dans les communications entre Paris et Bruxelles, la ...*conduite*... des négociations au sein des instances du Conseil de l'Union européenne et les ...*relations*... avec les autres institutions, en particulier le Parlement et la Commission européenne.

3. Sa mission : promouvoir et ...*défendre*... les positions françaises

4. La RP participe à l'élaboration et à la conduite de l'ensemble des politiques de l'Union européenne : marché intérieur, agriculture, pêche, consommation, tourisme, transports, télécommunications, emploi, industrie, santé, recherche, environnement, éducation, relations extérieures, questions budgétaires et financières, justice et affaires intérieures...
Dans ce cadre, ses membres expriment les ...*positions*... de la France, en particulier dans les ...*instances*... du conseil des ministres.

II. Informer

L'essentiel du travail d'un poste diplomatique est d'observer, de se renseigner et de rendre compte. L'ambassadeur étudie les rapports de son état de résidence avec la France, avec les pays étrangers et avec les organisations internationales et analyse son évolution politique, économique et sociale. C'est une tâche de recherche, de réflexion et d'appréciation qui lui permet de transmettre au Quai d'Orsay des documents qui serviront à l'élaboration de la politique étrangère de la France. Leur importance vient des sources privilégiées, confidentielles et officieuses que seul un ambassadeur peut recueillir. Elles n'ont rien à voir avec les informations collectées et distribuées par les agences de presse car le diplomate prend soin d'examiner cette information, sa surabondance et les manipulations auxquelles elle donne lieu avant de la transmettre avec les « réserves d'usage ». En diplomatie traditionnelle c'est-à-dire bilatérale, l'information circule dans les deux sens, l'ambassadeur doit faire connaître la politique de son pays.

82 **Trouvez dans la colonne B le sens des expressions soulignées en A.**

A	B
1. Il <u>se rend compte</u> que les journaux veulent accréditer l'idée d'une rupture prochaine des relations entre nos deux pays.	a) Donner des explications, faire un rapport précis de ses actes, se justifier.
2. Il a sollicité une audience auprès du ministre des Affaires étrangères pour appeler son attention sur la recrudescence d'actions terroristes dont il faut absolument <u>tenir compte</u>.	b) Demander des explications à quelqu'un que l'on tient pour responsable.
3. Il <u>met sur le compte</u> de ses homologues la réputation de diplomate irresponsable qui le précède et le suit partout.	c) Trouver un avantage, un intérêt.
4. Son directeur lui <u>a demandé des comptes</u> sur les rumeurs de remaniement ministériel qu'il faisait courir dans le service.	d) Prendre en considération.
5. Il <u>prend sur son compte</u> le vif mécontentement des agents consulaires.	e) Ne pas négliger, accorder de l'importance.
6. Il n'a pas eu de promotion depuis longtemps mais <u>il y trouve son compte</u> : il est passionné par ses recherches dans les archives diplomatiques.	f) S'expliquer, se justifier et être tenu de le faire.
7. Cette solution serait préjudiciable à nos intérêts, <u>prenez cela en compte</u>.	g) S'apercevoir, constater clairement.
8. L'incident dont vous avez été le témoin a été porté à la connaissance du ministre qui exige que vous veniez lui <u>en rendre compte</u> immédiatement.	h) Imputer à quelqu'un la responsabilité de.
9. Même si vous estimez <u>n'avoir de comptes à rendre à personne</u>, nous vous serions obligés de nous faire savoir quelle suite vous comptez donner à cette affaire.	i) Accepter la responsabilité de.

83 Dans les phrases ci-dessous, remplacez le verbe « informer »
par les verbes suivants à conjuguer :
*alerter – communiquer – documenter – guider – préciser – prévenir,
raconter – rappeler – se renseigner – signaler – tenir au courant.*

1. L'ambassadeur sera là vers 15 h. Veuillez nous informer de son arrivée.
2. Si vous désirez être parfaitement informés sur ce problème, allez consulter le dossier de presse que nos documentalistes ont préparé.
3. Il faudrait que vous vous informiez sur les différents communiqués transmis aux agences de presse.
4. Je dois vous informer de ce nouveau conflit.
5. Si je ne trouve pas l'Hôtel de Ville rapidement il y aura bien quelqu'un pour m'informer .
6. La sonnerie informe les délégations de la fermeture du centre des conférences.
7. Nous vous informons à nouveau que l'accès au centre de presse est interdit à toute personne étrangère au service.
8. Les équipes de secouristes ont été immédiatement informées : elles sont intervenues très vite après l'attentat.
9. Informez-moi au plus tôt de la date de la prochaine session pour que j'en informe tout le monde.
10. En général, les hôtesses d'accueil sont heureuses de vous informer de l'histoire de la ville et de ses curiosités.

III. Protéger

La protection diplomatique, c'est le droit pour l'État d'agir en faveur de ses nationaux auprès de l'État de séjour (à ne pas confondre avec la protection dont jouissent les agents diplomatiques, grâce aux immunités diplomatiques). Les États étendent à leurs ressortissants à l'étranger des protections de droit interne (état civil, exercice des droits civiques…) et l'ambassadeur est le dépositaire de l'autorité de l'État d'origine à l'égard de ses nationaux. Les touristes prennent rarement contact avec les postes diplomatiques et consulaires et se tirent souvent d'affaire sans leur aide mais, dans de nombreux cas, c'est l'exercice de la mission de protection qui crée aux postes diplomatiques le plus de difficultés, par exemple : cas d'expulsion massive de ressortissants étrangers, de crise politique violente, de rejet de la dette extérieure, de conflits ethniques armés…

84 Remplacez le groupe verbal par un groupe nominal en changeant la construction de la phrase quand c'est nécessaire.

Ex. 1 : Des pétitions ont circulé pour que la peine de mort <u>soit abolie</u>.
Des pétitions ont circulé pour l'abolition de la peine de mort.

Ex. 2 : Il faut que l'État d'envoi <u>agisse</u> en faveur de ses nationaux.
L'État d'envoi doit mener une action en faveur de ses nationaux.

1. C'est avec stupeur qu'ils ont appris que de nombreux ressortissants français <u>avaient été expulsés</u>.
2. On annonce de source sûre que de nombreux opposants <u>ont été enlevés</u>.
3. La presse a souligné que la protestation de la France <u>était opportune</u>.
4. Il a approuvé le fait que l'ambassadeur <u>soit intervenu</u> auprès des autorités pour rappeler la convention de Vienne sur les relations diplomatiques.
5. Je crains que vous ne <u>connaissiez</u> pas l'histoire récente de ce pays.
6. Le rôle de l'ambassade ici est essentiellement de <u>conseiller</u> les entreprises et de <u>promouvoir</u> la culture française.
7. En l'absence du consul, vous devez aider ce Français qui s'est présenté à l'ambassade parce qu'il <u>avait perdu</u> ses papiers.
8. Un des rôles du diplomate est de <u>soutenir</u> les entrepreneurs français pour qu'ils <u>obtiennent</u> des contrats importants, de <u>protéger</u> nos intérêts, d'<u>informer</u>.

2 Les attributions consulaires

Le consul est responsable de la communauté française dont il assure la protection vis-à-vis des autorités étrangères et qu'il administre selon la législation et la réglementation françaises. Le rôle du consul est la défense des personnes et des biens français dans le respect de la légalité et de l'ordre public local. Protégés par le consul vis-à-vis de l'autorité étrangère, les Français résidant dans sa circonscription sont aussi ses administrés.

▶ À ce titre, le consul est officier de l'état civil (naissances, mariages, décès), chargé des fonctions notariales, des questions militaires, du paiement des pensions civiles et militaires, de la délivrance des titres de voyage, des cartes nationales d'identité, sous réserve que le demandeur soit immatriculé. Les Français résidant à l'étranger ont le plus grand intérêt à se faire immatriculer au consulat mais ce n'est pas obligatoire. L'immatriculation n'est autre que l'inscription au registre des Français de l'étranger.

▶ Le consul organise des élections nationales si le gouvernement du pays de résidence en a préalablement donné l'autorisation et établit les procurations de vote.

▶ Il apporte une assistance aux Français qui sont impliqués dans une procédure devant les tribunaux locaux et s'assure que les prévenus et les détenus sont traités sans discrimination. Il peut porter secours aux personnes en détresse.
Ses attributions concernent aussi les affaires maritimes.

85 Complétez cet extrait de l'article 5 de la Convention de Vienne sur les relations consulaires à l'aide des mots suivants :
délivrer – dispositions – économiques – état-civil – gouvernement – incapables – intérêts – licites – procédures – règlements – ressortissants – sauvegarder – se rendre – secours – tutelle.

Art. 5 – Fonctions consulaires
Les fonctions consulaires consistent à :

1. Protéger dans l'État de résidence les intérêts de l'État d'envoi et de ses ...., personnes physiques et morales, dans les limites admises par le droit international ;

2. Favoriser le développement de relations commerciales, ..., culturelles et scientifiques entre l'État d'envoi et l'État de résidence et promouvoir de toute autre manière des relations amicales entre eux dans le cadre des .... de la présente Convention ;

3. S'informer, par tous les moyens .... des conditions et de l'évolution de la vie commerciale, économique, culturelle et scientifique de l'État de résidence, faire rapport à ce sujet au .... de l'État d'envoi et donner des renseignements aux personnes intéressées ;

4. .... des passeports et des documents de voyage aux ressortissants de l'État d'envoi, ainsi que des visas et documents appropriés aux personnes qui désirent .... dans l'État d'envoi ;

5. Prêter .... et assistance aux ressortissants, personnes physiques et morales, de l'État d'envoi ;

6. Agir en qualité de notaire et d'officier d' .... et exercer des fonctions similaires, ainsi que certaines fonctions d'ordre administratif, pour autant que les lois et .... de l'État de résidence ne s'y opposent pas ;

7. Sauvegarder les .... des ressortissants, personnes physiques et morales, de l'État d'envoi, dans les successions sur le territoire de l'État de résidence, conformément aux lois et règlements de l'État de résidence ;

8. ...., dans les limites fixées par les lois et règlements de l'État de résidence, les intérêts des mineurs et des ...., ressortissants de l'État d'envoi, particulièrement lorsque l'institution d'une .... ou d'une curatelle à leur égard est requise ;

9. Sous réserve des pratiques et .... en vigueur dans l'État de résidence, représenter les ressortissants de l'État d'envoi ou prendre des dispositions afin d'assurer leur représentation appropriée devant les tribunaux. [...]

▌ Les consuls sont conduits à être en contact régulier avec le représentant local ou régional du Conseil supérieur des Français de l'étranger (CSFE) et, *a fortiori,* avec les sénateurs des Français à l'étranger, élus parmi ceux-ci.

▌ On compte près de 2 millions de Français vivant à l'étranger. Ils se répartissent géographiquement ainsi :
52,9 % en Europe
19,1 % en Amérique
12,5 % en Afrique du Nord, au Proche et Moyen-Orient
10,3 % en Afrique subsaharienne
5,3 % en Asie et Océanie

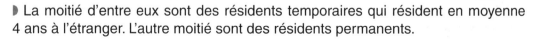

▌ La moitié d'entre eux sont des résidents temporaires qui résident en moyenne 4 ans à l'étranger. L'autre moitié sont des résidents permanents.

86 **Est-ce temporaire ou permanent ? Indiquez-le pour chacune des expressions ci-dessous :**

	Temporaire	Permanent
1. Du personnel intérimaire	❏	❏
2. Un permis de conduire provisoire	❏	❏
3. La représentation de la France à l'ONU	❏	❏
4. Un différend passager	❏	❏
5. Des dispositions transitoires	☑	❏
6. Un contrat à durée indéterminée	❏	☑
7. Une liaison continue	❏	❏
8. Une interruption momentanée d'un programme	☑	❏
9. Une adresse définitive	❏	☑
10. Un Français à l'étranger qui fait du tourisme	☑	❏

Relations avec les autorités diplomatiques
Les chefs de postes consulaires n'ont qu'une autonomie relative. Leur correspondance politique doit être communiquée à l'ambassadeur et la correspondance administrative aux services compétents du ministère. Le consul est cependant indépendant de l'ambassadeur dans l'exercice de ses attributions propres.

▌ L'article 5-c, cité ci-dessus montre aussi le rôle économique et commercial du consul qui doit recueillir des informations et favoriser le commerce du pays d'envoi. Récemment certains postes d'expansion économique ont été ouverts avec, à leur tête, un titulaire qui est en même temps consul et chef du PEE.
Le rôle d'information, de représentation et de communication du consul dans sa circonscription relaie celui de l'ambassadeur.

▌ Dans les pays où sont implantés plusieurs consulats ou consulats généraux, l'ambassadeur est tenu d'organiser chaque année une « réunion consulaire » où chacun peut exprimer ses observations sur sa circonscription, ses requêtes ou ses besoins, en présence de responsables venus de Paris pour l'occasion.

87 **Barrez le mot qui n'a pas sa place dans la série :**

1. Capital, chef, titulaire, à la tête de, responsable
2. Compétences, attributions, dotation, fonctions, rôle
3. Indépendant, autonome, émancipé, autonomiste, libre
4. Requête, besoin, souhait, demande, réclame
5. Implanter, institutionnaliser, installer, établir
6. Favoriser, aider, encourager, protéger, entraver

I. Passeports

Le passeport est un document de voyage :
Il peut aussi servir de pièce d'identité et est exigé pour entrer dans la plupart des pays étrangers.
Même périmé (depuis moins de deux ans), il permet de justifier de son identité et de se rendre dans certains pays.
Toutefois, certains pays admettent un passeport périmé depuis moins de 5 ans ; se renseigner auprès du consulat du pays de destination.

Conditions d'obtention :
Pour établir un passeport, le demandeur doit être de nationalité française. Il doit présenter sa carte d'identité, un justificatif de domicile, des photos d'identité.
Délai d'obtention : variable.
La présence du demandeur est obligatoire lors du retrait du passeport.
Coût : un timbre fiscal de 60 euros, 30 euros pour un passeport d'une durée de validité de 6 mois.

Validité :
• 10 ans pour les passeports délivrés à compter du 1er mars 2001.
• Depuis le 1er octobre 2003, le ministère des Affaires étrangères délivre aux Français établis hors de France des passeports lisibles en machine, modèle DELPHINE (DÉLivrance de Passeports à Haute INtégritÉ de sécurité).
• Ce modèle de passeport est facilement identifiable car il dispose d'une zone à lecture optique en page 2.
• Délivré en France par les préfectures et les sous-préfectures depuis 2001, il s'inscrit dans le cadre de la politique française de sécurisation des documents d'identité.

---

1. Le passeport DELPHINE

88 **Complétez les phrases ci-dessous à l'aide du texte précédent :**

1. Un passeport dont le délai de validité est expiré est ....
2. Être de nationalité française est obligatoire pour l' ..*obtention*.... d'un passeport.
3. Une quittance de loyer ou une facture d'électricité peuvent être produits comme
   ....
4. La mairie du domicile ou la préfecture sont chargées de la ....
   des passeports.
5. La zone de lecture optique sert à ..*sécuriser*.... les documents d'identité
6. Le .... de 60 € représente le coût du passeport.
7. Le .... ne peut charger une tierce personne de venir chercher
   son passeport.

II. Les visas

De nombreux pays exigent qu'un visa soit apposé sur le passeport. Le visa est
un tampon apportant la preuve que le voyageur a eu l'autorisation d'entrer dans
le pays.
Il est apposé sur un passeport en cours de validité par le consulat ou par le service consulaire de l'ambassade du pays où il se rend.
La validité du visa varie selon la législation du pays d'accueil.

Comment l'obtenir ?
S'adresser au consulat ou service consulaire de l'ambassade du pays où l'on se rend.
Se munir du passeport et d'une photographie.
Suivant les pays, d'autres pièces peuvent être exigées (extrait de casier judi-
ciaire, relevé bancaire, billet aller-retour…).
Tous les ressortissants étrangers qui souhaitent venir en France doivent être en
mesure de présenter à la frontière les justificatifs réglementaires relatifs à l'objet
du séjour, aux moyens d'existence et aux conditions d'hébergement.

89 **Reliez les verbes de la colonne A et les compléments de la colonne B :**

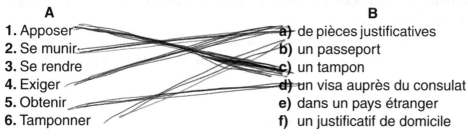

A	B
1. Apposer	a) de pièces justificatives
2. Se munir	b) un passeport
3. Se rendre	c) un tampon
4. Exiger	d) un visa auprès du consulat
5. Obtenir	e) dans un pays étranger
6. Tamponner	f) un justificatif de domicile

3 Négociation et traités

▶ La négociation est le moyen, après de longues discussions où s'échangent propositions, contre-propositions et où se confrontent les positions et les intérêts, de parvenir à des compromis sur les questions en litige, à des accords acceptables pour toutes les parties.

▶ La négociation est donc au cœur du métier diplomatique mais son rôle dans la diplomatie bilatérale a diminué alors qu'elle joue un rôle central dans la diplomatie multilatérale.

▶ Aujourd'hui les facilités de communication, les contacts directs entre chef d'État et gouvernement, relativisent les fonctions de l'ambassadeur. En outre les négociations internationales mettent en jeu des questions très complexes et la participation d'experts y est devenue obligatoire. La présence de ces spécialistes semble avoir relégué les ambassadeurs dans une position secondaire, on parle même de « diplomatie sans diplomates ». Or, l'ambassadeur précède la discussion spécialisée et apporte aux « techniciens » une vision globale des enjeux et du vécu des autorités du pays hôte.

90 **Complétez les phrases ci-dessous par les verbes suivants, à conjuguer quand c'est nécessaire :**
combler – émettre – examiner – nuire – prendre acte – promouvoir – se traduire.

1. Je .... des décisions de votre gouvernement mais je dois .... de sérieuses réserves.
2. Il nous faut .... les relations culturelles entre nos deux pays, mais auparavant, nous devons .... le problème des droits d'auteur.
3. Je suis d'accord pour examiner à nouveau les amendements proposés mais il reste de nombreuses lacunes à .... en ce qui concerne les droits de l'homme. Si nous aboutissons à un accord, il devra .... par des mesures concrètes.
4. Après la conclusion de cet accord vous devez comprendre que tout nouveau manquement de votre part .... aux relations pacifiques entre nos deux pays.

91 **Employez le terme qui convient.**

Ex. : *Différent/différant* très peu de la précédente version, le texte définitif de l'accord a été signé par toutes les parties. Réponse : *différant*.

1. La semaine *précédant/précédent* le sommet, elle avait animé des réunions *fatigantes/fatiguantes*, *négligeant/négligent* de prendre quelque repos.

2. *Adhérent/ adhérant* totalement aux objectifs de la conférence elle avait posé sa candidature au poste de président.
3. Ce poste *vacant/vaquant* satisfaisait son ambition mais elle savait que lors de rencontres avec les délégations des pays émergents elle n'avait pas été *convaincante/ convainquante*.
4. Depuis, elle avait appris qu'un crypto-terroriste plus jeune qu'elle, manœuvrier et *intrigant/ intriguant* s'était présenté le lendemain pour postuler.
5. Ses amis étaient très *influents/influant* auprès du bureau mais *divergeant/ divergents* sur des points de vue importants ils n'avaient pu se mettre d'accord sur des arguments *convergents/convergeant*. Serait-elle la présidente de ce sommet ? Pourrait-elle faire adopter une résolution en faveur du désarmement ?

92 **Vrai ou faux ?**

	Vrai	Faux
1. La négociation est plus habituelle en diplomatie bilatérale que multilatérale.	❐	❐
2. Des questions en litige sont des questions qui donnent lieu à contestation.	❐	❐
3. L'Ambassadeur joue un rôle formel dans les discussions techniques.	❐	❐
4. Les facilités actuelles de communication permettent une diplomatie « sans diplomate ».	❐	❐
5. La négociation est une tâche essentielle de la diplomatie multilatérale.	❐	❐
6. Seul le diplomate peut apporter aux experts « techniciens » une vision globale des enjeux diplomatiques.	❐	❐

Traités

▶ La pratique des traités est très ancienne.

▶ Les règles qui régissent cet acte, bilatéral au départ, se sont forgées historiquement de façon coutumière. Cette pratique est aujourd'hui régulée par le droit international. C'est la Convention sur le droit des Traités, adoptée à Vienne le 22 mai 1969 qui a formalisé le droit des Traités. Elle définit ainsi le traité interétatique : « l'expression traité s'entend d'un accord international conclu par écrit entre États et régi par le droit international, qu'il soit consigné dans un document unique ou dans deux ou plusieurs instruments connexes, et quelle que soit sa dénomination particulière ».

▶ Dans la pratique la terminologie est floue. À la place du mot Traité, les États emploient indifféremment ceux de « convention », « accord », « acte final », « protocole », « déclaration ».

QUELQUES TYPES D'ENGAGEMENTS INTERNATIONAUX

▶ **Accord :** au sens strict, engagement conclu au nom des Gouvernements ; au sens large tout engagement international.

▶ **Annexe :** document joint à l'original d'un engagement et du même jour que celui-ci.

▶ **Avenant :** engagement modifiant partiellement un engagement antérieur.

▶ **Constitution :** texte organique d'une organisation internationale.

▶ **Convention :** engagement d'une certaine importance, portant sur une matière juridique ou administrative.

▶ **Déclaration :** acte au moyen duquel deux États proclament leur intention d'adopter une attitude commune dans un domaine déterminé.

▶ **Modus vivendi :** accord de caractère provisoire.

▶ **Pacte :** traité solennel dont le premier est le pacte de la SDN (1919).

▶ **Protocole :** engagement ne portant pas sur un sujet majeur, tantôt conclu sur la base d'un accord antérieur, tantôt annexé à un accord du même jour, tantôt indépendant de tout accord antérieur.

▶ **Traité :** au sens strict, engagement conclu en forme solennelle, c'est-à-dire au nom des chefs d'État ; au sens large, le mot désigne traditionnellement tout engagement international.

Les traités bilatéraux, très nombreux, touchent tous les domaines d'intérêt commun entre deux États. **Les traités multilatéraux** ont un nombre de parties contractantes supérieur à deux. Certains ont une portée régionale, d'autres universelle. Certains donnent naissance à une organisation internationale (Charte des Nations unies), d'autres non (Convention de Vienne sur le droit des traités).

93 Remplacez le verbe *convenir* par l'un des verbes synonymes ci-dessous en fonction du sens de la phrase et faites les adaptations nécessaires :
agréer – être juste – falloir – fixer (× 2) – prévoir – reconnaître (× 2).

1. Ils <u>ont convenu</u> .... avec tristesse l'impossibilité d'une rencontre au sommet.

2. La réunion dont <u>ils étaient convenus</u> .... a été ajournée *sine die*.

3. Le lieu choisi pour la négociation <u>convenait</u> .... à chacun.

4. Les diplomates prêts à <u>convenir</u> .... de leurs erreurs étaient de fins négociateurs.

5. Il <u>conviendrait</u> .... de signaler aux délégations présentes que les rencontres dont <u>elles ont convenu</u> .... ne pourront avoir lieu sous l'égide de l'ONU.

6. La rédaction d'un traité exige d'utiliser les termes qui <u>conviennent</u> ....

7. Comme <u>convenu</u>, ... la délégation a commencé son exposé à 9 heures.

Structure des traités

On rencontre le plus souvent un préambule, un dispositif et des clauses finales. Le préambule mentionne notamment les buts globaux poursuivis par les parties contractantes. Le dispositif du traité en constitue le corps, il énonce les droits et obligations réciproques des parties contractantes. Les clauses finales sont les dispositions qui ont trait à la vie du traité : conditions d'entrée en vigueur, d'accession, de modification, de terminaison…

94 **Complétez le texte ci-dessous avec les mots suivants :**
contrat – contractantes – contractées – contractuelles.

1. Les obligations .... avaient été détaillées minutieusement dans le .... rédigé avec grand soin.

2. Les différentes clauses en avaient été discutées longuement. Les parties .... se sont donc acquittées des obligations qu'elles avaient ....

95 **Reliez les deux membres de phrase de la colonne A et de la colonne B :**

	A		B
Ex. :	*les traités non soumis à ratification*		*entrent en vigueur dès leur signature.*
1.	lorsque des accords sont passés	**a)**	n'est pas promettre de conclure
2.	le traité mentionne les buts	**b)**	de sceller une entente solennelle entre nos deux pays
3.	le dispositif énonce les engagements	**c)**	est soumise à certaines conditions
4.	l'entrée en vigueur du traité	**d)**	poursuivis par les parties contractantes
5.	la signature du traité va permettre	**e)**	souscrits par les parties contractantes
6.	accepter de traiter	**f)**	leur violation est une offense

Plusieurs phases mènent à la conclusion d'un traité

▌ La négociation est menée par les chefs d'État, les ministres des Affaires étrangères, ou par leurs représentants dûment mandatés : les plénipotentiaires (munis de pouvoirs).

▌ Le paraphe (signature abrégée d'un document sous forme des initiales des négociateurs) atteste l'accord des négociateurs sur l'issue de la négociation. Il authentifie provisoirement le texte résultant de la négociation. La signature définitive est apposée avec plus de solennité par une autorité supérieure, elle authentifie le texte du traité. Un traité multilatéral peut être ouvert à signature pendant un certain temps, un État peut donc le signer en différé. Le traité peut prévoir son entrée en vigueur dès la signature qui concrétise alors l'engagement pris, c'est le cas des accords en forme simplifiée par exemple. Il peut prévoir aussi que l'État n'est lié qu'après la ratification qui est l'étape qui l'engage. La convention de Vienne utilise également les termes d'acceptation ou d'approbation.

▶ En France, la Constitution prévoit que c'est le président de la République qui ratifie les traités (article 52), mais elle énumère les traités qui doivent être soumis à l'approbation du Parlement (art. 53). Le Président peut aussi soumettre à référendum un traité qui « sans être contraire à la Constitution, aurait des incidences sur le fonctionnement des institutions » (article 11).

▶ Les accords bilatéraux entrent en vigueur lorsque deux États concernés ont déposé ou échangé leurs instruments de ratification. Les traités multilatéraux prévoient un nombre minimal de ratifications avant entrée en vigueur.

96 **Complétez le texte ci-dessous avec les termes suivants :**
confond – constate – déclare – définit – établi – habilitées.

Instrument diplomatique : document diplomatique écrit, ... par des personnes .... à cet effet, qui .... un acte juridique et en .... le contenu. Dans ce sens, ne se .... pas avec l'acte juridique lui-même. Ainsi, un « instrument de ratification », document dans lequel l'autorité compétente d'un État .... ratifier un traité signé au nom de cet État, ne doit pas être confondu avec la « ratification » elle-même.

97 **Remplacez la construction verbale par une construction nominale :**
Ex. : signer un traité → la signature d'un traité

  1. parapher un texte ....
  2. authentifier un traité ....
  3. approuver un accord ....
  4. déposer ses instruments de ratification ....
  5. prévoir des conditions ....
  6. saisir l'autorité compétente ....
  7. interdire une révision unilatérale ....
  8. adjoindre un avenant ....
  9. insérer une disposition nouvelle ....
  10. invoquer un traité ....

Selon l'article 102 de la Charte des Nations unies, les traités doivent être enregistrés au secrétariat et publiés par lui, sinon ils ne peuvent être invoqués devant l'ONU ou la Cour internationale de justice.

La terminaison des traités
▶ Il faut distinguer la cessation provisoire des effets d'un traité (suspension) et la cessation définitive. La plupart des traités sont conclus pour des périodes limitées, un traité expire donc en raison du temps écoulé sauf prorogation ou renouvellement qui nécessitent l'accord des parties contractantes. La dissolution peut être explicite : le traité est dissous parce qu'il n'a plus de raison d'être ; elle peut être implicite : un nouveau traité va être conclu qui va se substituer à l'ancien. Un État peut décider de mettre fin à ses engagements, il peut dénoncer un traité ou s'en retirer s'il s'agit d'un traité multilatéral.

▸ Certains traités sont conclus à perpétuité, par exemple les Chartes constitutives d'organisations internationales comme la Charte de l'ONU. Un traité peut s'éteindre à la suite de la disparition d'une des parties contractantes ; par exemple des traités bilatéraux conclus par des États qui disparaissent, absorbés par un autre. Des traités sont susceptibles d'être annulés à cause de vices du consentement ou de la survenance de la guerre, ils sont directement frappés de nullité lorsqu'ils sont contraires à une norme impérative du droit international ou lorsqu'ils sont conclus sous la contrainte.

98 **Trouvez le nom correspondant à chacun des verbes suivants :**

1. Dissoudre ....

2. Conclure ....

3. Dénoncer ....

4. Se retirer de ....

5. S'éteindre ....

6. Absorber ....

7. Expirer ....

99 **Trouvez le verbe correspondant à chacun des noms suivants :**

1. Disparition ....

2. Contrainte ....

3. Prorogation ....

4. Renouvellement ....

5. Suspension ....

6. Cessation ....

7. Terminaison ....

100 **Trouvez des antonymes (contraires) aux mots soulignés.**

Ex. : Nos propos sont ambigus → Nos propos sont clairs, nets.

1. Le ministère des Affaires étrangères confirme la signature de l'accord. ....

2. Les pourparlers ont abouti. ....

3. Il a tenté de concilier les positions de tous les négociateurs. ....

4. Le renouvellement intégral de la délégation va favoriser l'émergence de nouveaux points de vue. ....

5. Leurs dépositions ont contribué à la ratification de l'accord. ....

6. Ils nous ont persuadé de poursuivre les discussions. ....

LETTRE DU GÉNÉRAL DE GAULLE AU PRÉSIDENT JOHNSON

7 mars 1966

Cher Monsieur le Président,

Notre Alliance atlantique achèvera dans trois ans son premier terme. Je tiens à vous dire que la France mesure à quel point la solidarité de défense ainsi établie entre quinze peuples libres de l'Occident contribue à assurer leur sécurité et, notamment, quel rôle essentiel jouent à cet égard les États-Unis d'Amérique. Aussi, la France envisage-t-elle, dès à présent, de rester, le moment venu, partie du traité signé à Washington le 4 avril 1949. Cela signifie que, à moins d'événements qui, au cours des trois prochaines années, viendraient à changer les données fondamentales des rapports entre l'Est et l'Ouest, elle serait, en 1969 et plus tard, résolue, tout comme aujourd'hui, à combattre aux côtés de ses alliés au cas où l'un d'entre eux serait l'objet d'une agression qui n'aurait pas été provoquée.

Cependant la France considère que les changements accomplis ou en voie de l'être, en Europe, en Asie et ailleurs, ainsi que l'évolution de sa propre situation et de ses propres forces, ne justifient plus, pour ce qui la concerne, les dispositions d'ordre militaire prises après la conclusion de l'Alliance, soit en commun sous la forme des conventions multilatérales, soit par accords particuliers entre le gouvernement français et le gouvernement américain.

C'est pourquoi la France se propose de recouvrer sur son territoire l'entier exercice de sa souveraineté, actuellement entamé par la présence permanente d'éléments militaires alliés ou par l'utilisation habituelle qui est faite de son ciel, de cesser sa participation aux commandements « intégrés » et de ne plus mettre de forces à disposition de l'OTAN. Il va de soi que, pour l'application de ces décisions, elle est prête à régler avec les gouvernements alliés et, en particulier, avec celui des États-Unis, les mesures pratiques qui les concernent. D'autre part, elle est disposée à s'entendre avec eux quant aux facilités militaires à s'accorder mutuellement dans le cas d'un conflit où elle s'engagerait à leurs côtés, et quant aux conditions de la coopération de ses forces et des leurs dans l'hypothèse d'une action commune, notamment en Allemagne.

Sur tous ces points, Cher Monsieur le Président, mon gouvernement va donc prendre contact avec le vôtre. Mais, afin de répondre à l'esprit d'amicale franchise qui doit inspirer les rapports entre nos deux pays et, permettez-moi de l'ajouter, entre vous et moi, j'ai tenu, tout d'abord, à vous indiquer personnellement pour quelles raisons, dans quel but et dans quelles limites la France croit devoir, pour son compte, modifier la forme de notre Alliance sans en altérer le fond.

Je vous prie de bien vouloir agréer, cher Monsieur le Président, les assurances de ma très haute considération et l'expression de mes très cordiaux sentiments.

Charles de GAULLE

5. Diplomatie préventive et gestion des crises

 1 Définitions et théorie

Crise : ce mot qui signifie étymologiquement « moment décisif » correspond à des situations très diverses en politique internationale ; il évoque la perturbation et le déséquilibre, le moment critique.

Conflit : antagonisme entre des personnes ou des groupes, entre deux ou plusieurs États, affrontement sur des valeurs, des droits, des pouvoirs, des ressources… Certaines crises sont gérées sans lutte armée et aboutissent à un compromis, d'autres provoquent des conflits souvent durables. Le conflit ne signifie pas la guerre, car il n'est pas nécessairement résolu par la violence armée collective organisée. Certains conflits économiques ou environnementaux sont régulés par la voie pacifique. Il en est de même pour des conflits politiques, par exemple des conflits intra-étatiques. Les crises ou les conflits peuvent être traités dans plusieurs cadres : multilatéral, bilatéral, et à des niveaux différents : régional ou sous-régional, mondial ou global.

101 **Changez les verbes en noms.**

1. Provoquer ....
2. Prévenir ....
3. Réagir ....
4. Maîtriser ....
5. Contrôler ....
6. Régler ....
7. Résoudre ....
8. Sortir (d'une crise) ....
9. Traiter ....
10. Déclencher ....
11. Arbitrer ....

102 **Soulignez le terme qui ne convient pas dans la série :**

1. La détente, la compréhension, le respect mutuel, la tolérance, la paix, la guerre.
2. Un conflit, un litige, un différend, une défiance, un désaccord, un antagonisme.

3. Une crise, une controverse, une rupture d'équilibre, une rémission, une tension.
4. Une violence, un affrontement, une confrontation, un bras de fer.
5. Bilatéral, multilatéral, unilatéral, collatéral, plurilatéral.
6. Persuader, convaincre, perpétuer, faire admettre, entraîner l'adhésion.
7. Dissuader, détourner, empêcher, devancer, amener à renoncer.

103 **Parmi les mots proposés entre crochets, choisissez celui qui convient :**

1. Pour les théoriciens de la résolution des conflits, des processus identiques provoquent [le départ / la mise en route / le déclenchement, l'intensité / le redoublement / l' aggravation et la dissipation / l'arrêt / la terminaison des conflits].
2. Plusieurs approches permettent de mieux comprendre et de [solutionner / arrêter / résoudre un conflit].
3. Tout d'abord, l'important est de négocier à partir des intérêts, des [enjeux / objectifs / situations] poursuivis et souvent non exprimés des parties.
4. Si les intérêts sont complémentaires, il est possible de trouver une solution avantageuse pour chacune des parties plutôt que [un produit / une solution / un compromis] peu satisfaisant.
5. La deuxième approche s'appuie sur le sens que les personnes impliquées donnent à la situation. Dans ce cas, la langue et la culture des acteurs joueront un rôle important pour [la médiatisation / la médiation / le médiateur] dans l'affrontement.
6. La troisième approche s'appuie sur l'idée que, souvent, les conflits internationaux sont les manifestations des [accords / besoins / enjeux] fondamentaux des populations concernées.
7. Une [situation / solution / résolution] à long terme nécessite la satisfaction de ces besoins d'identité, de reconnaissance…

Pour tenter d'empêcher un conflit de dégénérer en crise, plusieurs pistes s'offrent à la politique étrangère et à la diplomatie : la résolution, la régulation, la transformation et la prévention des conflits.

▶ La résolution des conflits c'est la fin du litige.

▶ La régulation des conflits permet de ramener un conflit violent aux proportions d'un désaccord politique.

▶ La transformation des conflits consiste à éliminer les causes profondes du conflit et à remplacer des rapports violents par des rapports d'interdépendance.

▶ La notion de prévention regroupe toutes les activités et mesures qui contribuent à la réduction des risques et à la préparation aux situations d'urgence. Le terme « gestion des risques » est également utilisé, mais moins fréquemment, de même que celui de « réduction des risques ».

I. Diplomatie préventive

▶ Selon « l'Agenda pour la paix », publié en 1991 par Boutros Boutros-Ghali, secrétaire général des Nations unies à la demande du Conseil de Sécurité, « la diplomatie préventive a pour objet d'éviter que des différends ne surgissent entre les parties, d'empêcher qu'un différend existant ne se transforme en conflit ouvert et, si un conflit éclate, de faire en sorte qu'il s'étende le moins possible. »

▶ Pour faire face au désordre permanent et menaçant de certaines parties de la planète (coups d'État, existence de pouvoirs illégaux et dictatoriaux…), la communauté internationale tente d' élaborer des stratégies fondées sur une politique de prévention qui s'appuie sur des prévisions. Plus on intervient en amont des situations de crise, plus les actions de prévention sont efficaces : utilisation d'un moyen direct (le téléphone entre chefs d'État), développement d'accords bilatéraux pour anticiper des risques, menaces de sanctions diplomatiques et politiques, économiques et financières, militaires, installation de forces prépositionnées (mise en place d'unités militaires) pour dissuader les protagonistes de l'emploi de la force, pratique de la « diplomatie navale » : déploiement de porte-avions, prêts à contrer des attaques ou comme moyen de « persuasion » lors de négociations.

104 **Après avoir lu le texte ci-dessus, indiquez si les affirmations suivantes sont vraies ou fausses.**

	Vrai	Faux
1. La prévision et la prévention ont le même sens.	☐	☐
2. Agir précocement dans une crise augmente les chances de la résoudre.	☐	☐
3. Certains accords permettent d'éviter des affrontements.	☐	☐
4. La « diplomatie navale » est une négociation à bord d'un porte-avions.	☐	☐
5. La diplomatie préventive vise à empêcher que les litiges ne dégénèrent en conflit.	☐	☐
6. Prévenir c'est établir une veille permanente.	☐	☐
7. Les sanctions sont habituellement militaires.	☐	☐
8. Dissuader et persuader sont des synonymes.	☐	☐
9. Boutros Boutros-Ghali a publié l'Agenda pour la paix à la demande de l'Assemblée générale de l'ONU.	☐	☐

105 **Compléter le texte ci-dessous avec les mots suivants :**
cerner – conférences – déchiffrent – délégations – indicateurs de risques – hostile – modèles – pénétrer – prémices.

1. Les représentants permanents auprès d'institutions internationales, les
.... participant à des .... ou réunions internationales, les diplomates en poste et autres acteurs privés .... les réalités toujours plus complexes des pays dans lesquels ils résident ou sont en mission.

2. Ce travail de recueil d'informations, de suivi quotidien, d'analyse, permet, notamment à partir de statistiques, d'élaborer des .... qui conduisent à la construction de .... consultés lors de crises.

3. Ce renseignement humain ou technique essentiel permet de ...., d'approfondir, d'interpréter les systèmes de valeurs, les modes de raisonnement, les mécanismes des processus de décision etc.

4. Il aide le politique à mieux .... les intentions d'un état .... et à adopter une stratégie adéquate aux .... de la crise.

▌ **La diplomatie préventive** résulte de l'action diplomatique d'État à État et de l'action d'acteurs non gouvernementaux. La « seconde voie diplomatique » ou « diplomatie parallèle » désigne l'ensemble des contacts officieux destinés à régler les conflits sur le plan international ou à l'intérieur des États, organisés par des spécialistes non gouvernementaux de la prévention et du règlement des crises et des conflits. On a considéré ensuite que toute cette gamme d'initiatives officieuses était trop vaste, variée et complexe, pour être définie par l'expression de **diplomatie parallèle**. On utilise maintenant le terme de **diplomatie multiple** pour décrire une action internationale menée par les diplomates officiels, les spécialistes publics et privés du règlement des conflits, des représentants du monde des affaires, du monde intellectuel et scientifique, les milieux religieux, les militants d'associations diverses, les médias…

▌ La diplomatie parallèle n'est pas toujours admise. « Ce sont les services officiels français qui sont les seuls habilités à mener les contacts nécessaires. Il n'y a aucune diplomatie parallèle, aucune officine n'est autorisée à parler sur ce dossier, comme sur les autres, au nom de la France. » (Le Premier ministre français, à propos de l'enlèvement de la journaliste Florence Aubenas en Irak).

106 Vrai ou faux ?

	Vrai	Faux
1. La diplomatie parallèle, c'est la diplomatie multiple.	❏	❏
2. La diplomatie de seconde voie est de la responsabilité unique des diplomates accrédités.	❏	❏
3. « Toute cette gamme d'initiatives officieuses » désigne la multiplicité des démarches venant d'autres acteurs que le gouvernement.	❏	❏
5. Les diplomates officiels ont encore un rôle à jouer dans ces diplomaties parallèles ou à voies multiples.	❏	❏
6. Que « les services officiels français soient les seuls habilités à mener les contacts » signifie qu'ils sont les seuls capables de mener ces contacts.	❏	❏

107 Complétez le texte ci-dessous avec les mots suivants :
contact – face – interceptés – méprise – négociateurs – ombre – otages – parallèle – ravisseurs – renouer – réseaux – réunions de crise – revendication – secret – tournée – tractations.

« Négociations diplomatiques, reprise en main des services, mission parallèle : 124 jours de tractations » (d'après des extraits du *Monde* du 23 décembre 2004).

1. Les deux journalistes et leur chauffeur ont été .... alors qu'ils traversaient une zone sunnite. Les autorités françaises croient d'abord à une ....

2. Aucune .... ne leur a été adressée. La première théorie est celle d'un « enlèvement non planifié », en clair d'une bévue. L'espoir d'un malentendu s'évanouit.

3. Les .... revendiquent l'enlèvement par une cassette vidéo envoyée à une chaîne de télévision.

4. Dès le lendemain matin, le gouvernement multiplie les .... autour du Premier ministre…

5. Parallèlement, le ministre des Affaires étrangères s'envole pour une .... des capitales du monde arabe où il répète inlassablement la position française…

6. Le secrétaire général du Quai d'Orsay et une équipe rompue aux .... difficiles ont débarqué à Bagdad pour renforcer le groupe des .... réunis autour de l'ambassadeur de France. Le gouvernement plaide pour « la plus extrême prudence » et « une discrétion maximale ».

7. Les spécialistes de l' .... reprennent la main.

8. Ils s'appuient sur les .... religieux et tribaux, mais également sur Internet, pour garder un .... qui semble être toujours resté indirect.

9. La stratégie du .... décidée par le gouvernement est mise à mal par l'équipée du député X qui entreprend, sans qu'il soit encore possible de savoir jusqu'à quel point il en a tenu au courant les autorités françaises, une bruyante mission ....

10. L'opération capote (échoue), les ravisseurs rompent même les liens avec les négociateurs officiels. Ces derniers mettront plusieurs jours à .... le fil. En libérant les .... quatre mois presque jour pour jour après leur enlèvement, les ravisseurs peuvent estimer avoir sauvé la ....

II. Diplomatie coercitive

C'est une menace et un emploi limité de la force armée afin de contraindre un adversaire à modifier son comportement, à mettre un terme à une action en cours. Les expressions : *coercition, coercition stratégique, diplomatie coercitive, stratégie de persuasion, stratégie de chantage, stratégie de contrainte, diplomatie de la canonnière, stratégie de l'action*, sont souvent utilisées pour désigner cette diplomatie de la violence qui peut utiliser simultanément tous les moyens de contrainte : force armée, sanctions économiques, recours à la force… La diplomatie coercitive n'est pas la dissuasion, où l'utilisation de la force est uniquement virtuelle. Dissuader, c'est faire en sorte que l'adversaire s'abstienne d'agir.

2 Gestion des crises

En cas de crise, l'État moderne dispose d'une cellule de crise qui doit réunir des responsables qui peuvent agir sur le terrain. Dans ce contexte, les médias tiennent une place essentielle car les dirigeants politiques prennent souvent à témoin leurs opinions publiques en échangeant des déclarations par télévisions interposées.

I. Situations de crise

108 **Complétez le texte ci-dessous avec les mots suivants :**
affecter – alerter – cellule de crise – communautés expatriées – consignes – évacuation – inattendues – incidents – mobiliser – plans de sécurité – réseaux – résidents étrangers – secourir – simulation – soutien.

1. À tout moment dans le monde, des crises prévues ou .... mettent en danger des ....

2. Les consulats ont réfléchi à l'avance aux stratégies à mettre en place pour parer aux .... pouvant .... les ressortissants qu'ils doivent protéger et ....

3. Ils élaborent des ...., de regroupement et d' .... adaptés, actualisés, des scénarios, mais dans la plupart des cas, il faut improviser.

4. Pour venir en aide à des centaines de .... désemparés, il faut .... des moyens d'information capables d' .... les responsables chargés de répercuter l'information et les .... données par la ....

5. Il faut aussi parfois créer des .... de communication indépendants, faire des exercices de .... pour tester l'efficacité du dispositif, préparer l'accueil des ressortissants, constituer des stocks de rations alimentaires, prévoir un .... psychologique pour rassurer et éviter des mouvements de panique.

109 **Complétez le texte ci-dessous avec les mots suivants :**
camps – casques bleus – commission – embargo – opération – protestation – résolution – sanction – sommet – unanime – violations.

La gestion de conflits : l'exemple de la Côte-d'Ivoire (d'après un article du *Monde* du 3 février 2005).

1. Le Conseil de sécurité des Nations unies a voté la .... 1584 à l'unanimité.

2. Elle renforce l' .... sur les armes à destination de la Côte-d'Ivoire.

3. Elle a été prise après le .... des chefs d'État de l'Union africaine, qui s'était achevé sans progrès notables.

4. D'après ce texte, des soldats français de l' .... « Licorne » et les .... de la mission des Nations unies en Côte-d'Ivoire pourront inspecter sans préavis certains lieux stratégiques : ports, aéroports…

5. L'ambassadeur de Côte-d'Ivoire, qui n'était pas présent, a adressé une .... au président du Conseil contre cette « intrusion ».

6. L'ambassadeur de France a, de son côté, rappelé que le Conseil était .... pour estimer que la solution en Côte-d'Ivoire ne passe pas par les armes.

7. L' embargo permet de stopper les transports d'armes à destination des deux ....

8. La prochaine étape est celle de la ....

9. L'ambassadeur de Grèce, qui dirige le comité des sanctions pour la Côte d'Ivoire, étudie le rapport sur les .... des droits produit par une .... d'enquête internationale après trois mois d'investigations en Côte-d'Ivoire et dans les pays limitrophes. Certains pays demandent de sanctionner, avant la fin des discussions procédurales, des responsables nommés dans le rapport.

110 **Après avoir vérifié les réponses de l'exercice précédent et relu le texte, vous direz si ces affirmations sont vraies ou fausses.**

	Vrai	Faux
1. Au Conseil de sécurité des Nations unies personne ne s'est opposé au vote de la résolution 1584.	❐	❐
2. Les missions d'inspection visiteront les ports et les aéroports avec le consentement préalable de la Côte-d'Ivoire.	❐	❐

3. Selon la résolution 1584 l'embargo empêche
l'approvisionnement en armes. ☐ ☐

4. Un sommet international est une réunion rassemblant
des chefs d'État et/ou des dirigeants. ☐ ☐

5. Une protestation est une déclaration formelle par laquelle
on dénonce une décision ou un acte injuste ou illégitime. ☐ ☐

6. Des discussions procédurales signifient des discussions
qui présentent un formalisme excessif. ☐ ☐

7. Le comité des sanctions ne peut statuer qu'après avoir étudié
le rapport d'enquête. ☐ ☐

111 **Reliez les phrases commencées dans la colonne A et les fins de phrase proposées dans la colonne B.**

A	B
1. Si ce pays s'obstine à refuser le retour des inspecteurs,	**a)** vous refuseriez notre proposition de conférence
2. Si ce pays ne s'était pas obstiné à refuser le retour des inspecteurs	**b)** vous sauriez que la force ne peut constituer la seule réponse aux nouvelles menaces qui pèsent sur la sécurité de la planète.
3. Si vous étiez convaincus de la nécessité de la paix,	**c)** le Conseil de sécurité devra prendre des mesures contraignantes.
4. Si les sévères mesures d'expulsion décidées par le tribunal sont appliquées,	**d)** le Conseil de sécurité n'aurait pas pris des mesures contraignantes.
5. Si vous pensiez qu'il est trop tard pour une concertation constructive entre nous,	**e)** les émigrés seront reconduits à la frontière.

II. Rupture et rétablissement des relations diplomatiques

112 **Complétez le texte suivant avec des prépositions :**

1. Une fois établies, des relations diplomatiques peuvent subir des tensions et des crises. Le « refroidissement » des relations .... deux États n'implique pas la suspension de leurs rapports diplomatiques. Des crises graves peuvent mener .... la suspension (rappel temporaire de la mission diplomatique) et .... la rupture des relations diplomatiques. L'attitude du pays hôte (brimades à l'égard de l'ambassadeur ou de ses collaborateurs, voire expulsion d'un ou plusieurs d'entre eux, ou toute autre forme d'incident), peut décider le pays d'envoi .... « rappeler son ambassadeur en consultation ». C'est le signe concret d'une sérieuse tension.

Ce rappel, qui peut durer un temps indéterminé, ne signifie pas interruption des contacts : ceux-ci sont maintenus .... niveau des chargés d'affaires, et les affaires courantes suivent leur cours, fût-ce dans un climat détérioré.

2. La situation politique peut devenir telle que l'un des deux pays décide unilatéralement que la seule issue est la rupture des relations diplomatiques. Les diplomates de chaque pays quittent alors les capitales, mais chargent des pays amis ou neutres, avec l'accord de ces derniers, d'y représenter leurs intérêts. Dans les locaux de l'ambassade ou .... ceux du pays protecteur, on ouvre une section des intérêts français, et réciproquement. Toutes les discussions se feront .... le truchement du pays protecteur aussi longtemps que les relations n'auront pas été rétablies.

3. Ce rétablissement intervient généralement .... un changement de régime ou de gouvernement, le nouveau gouvernement manifestant son désir .... renouer avec l'ancien partenaire. Une fois l'accord conclu, ... l'intermédiaire des pays protecteurs, un communiqué officiel est publié simultanément de part et d'autre, et les deux ambassades peuvent rouvrir leurs portes. Les ambassades sont dirigées par un chargé d'affaires, ... un premier temps, et ensuite par un ambassadeur dûment accrédité .... les procédures habituelles. Le drapeau national et les plaques du pays réapparaissent et les affaires reprennent leur cours normal.

113 **Vrai ou faux ?**

	Vrai	Faux
1. Une tension dans les relations entre deux États fait cesser leurs rapports diplomatiques.	❏	❏
2. Le rappel d'un ambassadeur en consultation est une procédure sans gravité.	❏	❏
3. La rupture des relations diplomatiques ne peut intervenir de façon unilatérale.	❏	❏
4. La rupture des relations diplomatiques est la conséquence d'une tension passagère entre États.	❏	❏
5. Les chargés d'affaires expédient les affaires courantes même en cas de rupture des relations diplomatiques.	❏	❏
6. Agir par le truchement du pays protecteur signifie agir par son intermédiaire.	❏	❏
7. Un pays neutre est un pays qui s'abstient de prendre parti.	❏	❏
8. Les plaques du pays sont des insignes d'identification de ce pays.	❏	❏

Un État, victime de sanctions, peut, en représailles, prendre des « mesures de rétorsion » équivalentes ou proportionnées, par exemple en expulsant un diplomate.

III. L'ONU et la gestion des crises

La fin de la guerre froide a permis à l'ONU de recouvrer ses prérogatives ; elle apparaît comme l'unique organisation capable de légitimer des opérations de maintien de la paix, comme la seule source de légalité universelle. Le renouveau onusien entraîne la création de nouvelles opérations qui dépassent largement le cadre de la définition donnée pendant la guerre froide. L'Agenda pour la paix a redéfini et développé un certain nombre de concepts : il s'agit de la « diplomatie préventive », du « rétablissement de la paix » qui doit permettre de rapprocher les parties au différend, du « maintien de la paix » qui garde les forces des Nations unies sur le terrain, de la « consolidation de la paix » qui permet de reconstruire les structures détruites et donc d'éviter une reprise des hostilités.

▶ Les casques bleus mettent en œuvre certaines mesures de gestion des conflits, souvent intra-étatiques, qui ne cessent de se multiplier. La dimension humanitaire tient également une grande place, ouvrant le débat sur les notions de **droit d'assistance** et de **droit d'ingérence humanitaire**. Parallèlement, les nouvelles opérations intègrent de plus en plus le recours à la force et s'inscrivent donc dans le cadre du chapitre VII de la Charte de l'ONU, « Action en cas de menace contre la paix, de rupture de la paix et d'acte d'agression ».

114 **Trouvez un adjectif correspondant à chaque nom.**

Ex. : *une revendication de territoire = une revendication territoriale.*

Nom	Adjectif
1. Une réunion de préparation	....
2. Une attitude de compréhension	....
3. Un conflit de frontière	....
4. Une situation d'instabilité	....
5. Un comportement d'hostilité	....
6. Une revendication de communauté	....
7. Des conflits entre États	....
8. Des conflits à l'intérieur d'un État	....
9. Une arme de dissuasion	....
10. Une situation de conflit	....
11. Une opération de coercition	....
12. Le renouveau de l'ONU	....
13. Une opération menée par plusieurs nations	....
14. Un pays où règnent la prospérité, la fraternité, la solidarité, la paix.	....

Le règlement pacifique des différends

L'obligation de régler pacifiquement les différends figure dans le chapitre VI de la Charte des Nations unies (art. 33 à 38). L'article 33 énumère de façon non exhaustive les procédés de règlement pacifique des différends : la négociation, l'enquête, la médiation, la conciliation, l'arbitrage et le règlement judiciaire.

▶ On appelle conflit, différend ou litige international un désaccord sur un point de droit ou de fait, une contradiction, une opposition de thèses juridiques ou d'intérêts entre États. Il convient de distinguer les modes politiques et les modes juridiques de règlement pacifique des différends.

▶ La médiation fait intervenir un tiers qui propose aux parties une solution à leur différend.

▶ Les bons offices permettent à un tiers de s'interposer pour faciliter la discussion entre les parties mais sans proposer de solutions.

▶ L'enquête a pour but d'établir avec toute garantie d'impartialité la matérialité des faits qui entraînent le différend.

▶ La conciliation impose une procédure contradictoire et fait intervenir un organe non juridictionnel qui propose une solution sans aucun caractère contraignant.

115 **Soulignez le terme qui convient :**

1. Le chapitre VI de la Charte des Nations unies traite des *procédures / processus / procédés* de règlement pacifique des différends.
2. L'enquête a facilité le règlement d'un conflit par une connaissance exacte des faits *élucidés / déchiffrés / éludés* par un organisme offrant toute garantie d'impartialité.
3. La conciliation a pour but de mettre d'accord les adversaires à la suite *d'un procès / d'une procédure / d'un procédé* contradictoire.
4. Il faut absolument régler ce litige sur la base du droit international, sinon il va dégénérer en un conflit ethnique qui va causer un grave *préjudice / préjugé / dégât* aux parties en présence.
5. Ils veulent absolument *casser / briser / rompre* les relations entre nos pays.
6. La médiation vise à faciliter la recherche d'une solution *amicale / à l'amiable / ambivalente*.
7. L'embargo ne fait pas partie des procédés *pacifistes / pacifiques / paisibles* de règlement des conflits.

▶ La négociation diplomatique se présente comme la modalité la plus usuelle pour trouver des solutions à l'amiable. Sous le terme « négociation », le vocabulaire du droit international désigne « l'ensemble des pourparlers, communications, entretiens, tractations, secrets ou ouverts, aux fins du règlement de certaines questions en suspens entre deux ou plusieurs États ».

▶ Dans une négociation multilatérale, les positions des divers pays sont déterminées par les capitales et non par les délégations qui disposent de directives détaillées ou d'instructions générales. Les négociations sont souvent conçues comme un processus de constantes pressions dans lequel il importe d'exercer son influence sur les autres parties par le jeu des alliances et des alignements.

116 **Complétez les phrases ci-dessous avec les mots suivants :**
compromis – concessions – intransigeants – négociateurs – parties – réconciliation – rompre – transaction – transiger – unanimité.

1. Une .... est souvent préférable à un conflit. Mais il y a des gens .... qui refusent de discuter.
2. Dans une négociation, il est difficile d'obtenir l' ....
3. Si aucune des .... n'accepte de ...., il est inutile de négocier, mais si l'on accepte de faire quelques ...., on peut finir par aboutir à une .... durable et à l'établissement de relations pacifiques entre deux États.
4. Certains délégués ont menacé de .... les accords, mais après deux heures de discussions, les .... ont signé un .... acceptable par les parties.

117 **Complétez les phrases ci-dessous par les expressions suivantes en conjuguant les verbes :**
faire partie (× 2) – prendre parti – tirer parti (× 2) – prendre à partie – prendre son parti (de).

1. Depuis qu'il a été naturalisé, il .... de toutes les délégations qui réclament une plus grande ouverture des frontières.
2. Ils ont .... de leur popularité pour promouvoir la langue française à l'étranger.
3. Ces pays .... de l'Union européenne depuis quelques mois, mais ils .... contre nous lors des rencontres officielles. Ils essaient de .... de nos différends avec nos voisins.
4. Ils manifestaient leur attachement à la défense des droits de l'homme. Ils ont été violemment .... par des groupuscules racistes.
5. Les dictateurs doivent en ...., les idées des droits de l'homme gagnent du terrain.

▶ Le document final fait la synthèse des propositions élaborées et votées au cours des négociations. Il peut prendre des formes diverses : résolution, convention, protocole ou traité pour les conférences multilatérales, traité ou convention pour les conférences de codification, traité de paix ou pacte.

▶ Les résolutions des organisations internationales ne sont que des déclarations d'orientation générale pour les États, qui leur attribuent surtout une importance morale et politique, sans se sentir obligatoirement liés par elles.

118 Complétez les phrases ci-dessous avec les termes suivants :
articles – base – clause – dispositions – points – prescriptions – projet – stipulant.

1. Vous trouverez dans vos dossiers un .... de résolution pouvant servir de .... aux négociations en cours.

2. Nous sommes d'accord sur les divers .... devant apparaître dans le texte final et nous voudrions ajouter un paragraphe .... que toute modification doit se faire avec l'assentiment des parties contractantes.

3. Nous pensons qu'il n'est pas opportun d'introduire maintenant une .... imposant aux parties l'obligation de ne pas recourir à la force.

4. Les .... dont ils sont convenus figuraient déjà aux .... de la précédente résolution et ne portent pas atteinte aux .... relatives au maintien des casques bleus dans la région.

IV. Exemple de résolution

▶ Résolution sur la reconnaissance du devoir d'assistance humanitaire et du droit à cette assistance adoptée par la première Conférence internationale de Droit et Morale humanitaire.

▶ Organisée sous l'égide de la faculté de Droit de Paris-Sud, cette conférence avait pour but de proposer une consécration juridique à une attitude individuelle ou collective d'humanisme actif : l'assistance aux peuples étrangers victimes de catastrophes naturelles, industrielles ou politiques.

▶ L'action humanitaire ne réclame aucune réduction, aucune violation de la souveraineté, elle vise seulement à ce que celle-ci s'exerce de façon plus humaine, plus morale.

119 Complétez la résolution suivante par la forme convenable des verbes proposés ci-dessous :
adopter – bénéficier – concerner – constituer – dépendre – s'engager – entraîner – estimer – exiger – fournir – s'imposer – porter – reconnaître – solliciter.

Les participants à la Conférence internationale de Droit et Morale humanitaire, tenue à Paris, les 26, 27 et 28 janvier 1987 sous l'égide de Médecins du monde et de la faculté de Droit de Paris-Sud :

1. Considérant que l'ampleur de certaines violences collectives ou de certains conflits armés internes ou internationaux engendrent des situations critiques susceptibles de faire de nombreuses victimes dont la survie et la santé .... d'une assistance rapide et efficace ;

2. Considérant que certaines catastrophes naturelles ou industrielles .... des conséquences semblables ;

3. Constatant que les règles du droit international humanitaire ne sont qu'insuffisamment respectées et ne .... qu'une partie seulement des situations d'urgence ;

4. Conscients qu'en conséquence de très nombreuses victimes ne .... d'aucun régime de protection humanitaire et que jusqu'à ce jour l'assistance humanitaire ne constitue, dans beaucoup de situations, ni un droit des victimes, ni une obligation à la charge des États ;

5. Conscients que certains organismes publics et privés et des générosités individuelles sont susceptibles de .... cette aide ;

6. Considérant que la rapidité et l'efficacité de cette assistance .... souvent qu'à côté de l'action des pouvoirs publics nationaux et des organisations intergouvernementales, l'initiative privée et non gouvernementale apporte son concours et son aide dans un dessein strictement humanitaire et désintéressé ;

7. Considérant que l'assistance humanitaire aux victimes .... une des contributions essentielles au respect et à l'exercice du droit à la vie et du droit à la santé, consacrés dans la Déclaration universelle des droits de l'homme (article 3), dans le Pacte international relatif aux droits civils et politiques (article 6) et dans le Pacte international relatif aux droits économiques sociaux et culturels (article 12) ;

8. Considérant que le droit à l'assistance humanitaire est un droit de la personne humaine, corollaire du devoir de solidarité qui .... à l'humanité toute entière et qui implique notamment le devoir de coopérer, conformément à la Charte des Nations unies (articles 55 et 56) ;

9. Considérant la résolution sur le droit à l'assistance humanitaire .... par le symposium de l'Académie internationale des droits de l'homme, à Copenhague, le 31 août 1986 ;

10. Affirment que devraient ...., dans un même document international par tous les États membres de la Communauté internationale, à la fois le droit des victimes à l'assistance humanitaire et l'obligation des États d'y apporter leur contribution ;

11. .... que le droit à l'assistance humanitaire est un droit de la personne humaine qui doit être reconnu à tout individu et à tout groupe humain menacés ou victimes d'atteintes graves à leur vie et à leur santé physique et psychique ;

12. Estiment que le droit à l'assistance humanitaire comprend le droit de .... une telle assistance et d'en bénéficier sans discrimination ;

13. Estiment que les États doivent .... à respecter pleinement le libre exercice du droit des victimes à bénéficier effectivement de l'assistance humanitaire.

14. Prient dans ce dessein, Monsieur le président de la République, Monsieur le Premier ministre et le gouvernement français de bien vouloir .... la présente résolution à la connaissance des Nations unies et des gouvernements étrangers.

Sigles utilisés dans ce livre

AFAA	Association française d'action artistique
AEFE	Agence de l'enseignement français à l'étranger
ASIC	Attaché des systèmes d'information et de communication
BERD	Banque européenne pour la reconstruction et le développement
CD	Corps diplomatique
CICR	Comité international de la Croix-Rouge
CNUCED	Conférence des Nations unies pour le commerce et le développement
CSFE	Conseil supérieur des Français de l'étranger
COREU	Correspondants européens
DAE	Direction de l'audiovisuel extérieur
DELPHINE	DÉLivrance de Passeports à Haute INtégritÉ de sécurité
DFAE	Direction des Français à l'étranger
DGTPE	Direction générale du Trésor et de la politique économique
ENA	École nationale d'administration
FAO	Food and Agriculture Organization
FMI	Fonds monétaire international
GATT	General Agreement on Tariffs and Trade
HCR	Haut commissariat des Nations unies pour les réfugiés
JO	Journal officiel
MAE	Ministère des Affaires étrangères
MEDEF	Mouvement des entreprises de France
OGM	Organisme génétiquement modifié
OIT	Organisation internationale du travail
OMC	Organisation mondiale du commerce
ONG	Organisation non gouvernementale
ONU	Organisation des Nations unies
ONUDI	Organisation des Nations unies pour le développement industriel
OTAN	Organisation du Traité de l'Atlantique Nord
OCDE	Organisation de coopération et de développement économique
OSCE	Organisation pour la sécurité et la coopération européenne
PEE	Poste d'expansion économique
PESC	Politique étrangère et de sécurité commune
PNUD	Programme des Nations unies pour le développement
PP	Pour présentation
PFC	Pour faire connaissance
PPC	Pour prendre congé

PR	Pour remercier
PF	Pour fête
PC	Pour condoléances
RFI	Radio France internationale
RP	Représentation permanente
SAMU	Service d'aide médicale urgente
SCAC	Service de coopération et d'action culturelle
SDN	Société des Nations
SGCI	Secrétariat général du comité interministériel pour les questions de coopération économique européenne.
UE	Union européenne
UEO	Union de l'Europe occidentale
UNICEF	Fonds des Nations unies pour l'enfance

Bibliographie

Baillou, Jean et Pelletier, Pierre : *Les Affaires étrangères,* PUF, 1962.

Bry, Alain : *Les Cent Métiers du Quai d'Orsay : 1980-2000*, A. Bry, 2000, Paris.

Carreau, Dominique : *Droit international*, Éditions Pedone, 2001.

Cohen, Samy : *Les Diplomates. Négocier dans un monde chaotique* (dir.), Autrement, 2002, Paris.

Dictionnaire de droit international public (dir. Jean Salmon), Bruylant, 2001, Bruxelles.

Pancracio, Jean-Paul : *Dictionnaire de la diplomatie*, Micro Buss, Éditions G. de Bussac, 1998.

Plaisant, François : *L'Ambassadeur et le Consul*, Coll. « Raconte-moi », Nouvelle Arche de Noé, 1999.

Plaisant, François : *Le Ministère des Affaires étrangères*, Les essentiels, Milan 2000.

Plantey, Alain : *Principes de diplomatie*, Éditions Pedone, 2000.

Ruzié, David : *Droit international public*, Mementos Dalloz, 1991-1992.

Serres, Jean : *Manuel pratique de protocole*, Éditions de la Bièvre, 2000.

Smouts Marie-Claude, Battistella Dario, Venesson Pascal : *Dictionnaire des relations internationales*, Dalloz, 2003.

Revues :

Revue française d'administration publique
N° 69 *Les Affaires étrangères*, 1994
N° 77 *L'Action extérieure de l'État*, janvier-mars 1996

Ena n° 328, janvier 2003
La Diplomatie en transformation

CORRIGÉS

Introduction

1 1. Quelles – **2.** En quoi – **3.** Comment – **4.** Que – **5.** À quel – **6.** En quoi – **7.** Qui – **8.** À qui.

2 1. une démocratie – **2.** la hiérarchie, la bureaucratie – **3.** ethnies, d'une paix – **4.** la chronologie – **5.** les politiciens, au patriotisme – **6.** la démographie.

3 1. k) – **2.** j) – **3.** f) – **4.** e) – **5.** h) – **6.** g) – **7.** a) – **8.** i) – **9.** d) – **10.** c) – **11.** b).

4 1. un symbole – **2.** une reconnaissance – **3.** un échange – **4.** une action – **5.** une résidence. – **6.** un compte – **7.** une apparition – **8.** une nomination.

5 1. bipolaire – **2.** quadriennal – **3.** bicéphale – **4.** tripartite – **5.** multidiscipli-naire (pluridisciplinaire), bilingues, trilingues – **6.** multiculturalisme – **7.** unila-térale – **8.** multiethniques.

6 1. c) – **2.** e) – **3.** a) – **4.** b) – **5.** f) – **6.** d).

7 1. F – **2.** F – **3.** V – **4.** V – **5.** F – **6.** V – **7.** F – **8.** V – **9.** V – **10.** F – **11.** V.

Chapitre 1   La carrière diplomatique

8 1. faire carrière – **2.** la formation – **3.** culture générale, maîtrise, disciplines – **4.** voies d'accès.

9 1. brevet – **2.** baccalauréat – **3.** licence – **4.** master – **5.** doctorat.

10 1. c) – **2.** e) – **3.** b) – **4.** a) – **5.** d).

11 1. nombre limité, au sens strict, à égalité, appropriés, avec préjugé. – **2.** indispensable, en entier. – **3.** de fait, au contraire, de droit. – **4.** après coup, sur place, en tous lieux. – **5.** maintien de la situation présente, sans fixer de pro-chaine date, qu'il l'ait voulu ou non, de ce fait même, à partir de rien. – **6.** sous réserve de confirmations.

12 1. e) – **2.** g) – **3.** d) – **4.** c) – **5.** f) – **6.** a) – **7.** b).

13 1. grade – **2.** graduellement – **3.** gradins – **4.** gradé – **5.** gradation – **6.** gra-duation.

14 1. exécutoire, signée – **2.** autorisation, loi, limité, règlement – **3.** édicté, exécutives – **4.** élaborée – **5.** se dessaisir, exercera – **6.** habiliter, concurremment.

15 l'importance des pouvoirs : l'ambassadeur est dépositaire de l'autorité de l'État, il représente le président de la République, le gouvernement et chacun des ministres, il est le chef de la mission diplomatique et il a communication immé-diate de toutes les correspondances échangées avec sa mission.
Ce qui limite ses pouvoirs : il est sous l'autorité du ministre des Affaires étrangères dont il reçoit les instructions et, sous couvert de ce dernier, de chacun des ministres.

16 1. dépositaire de – **2.** signataires – **3.** accréditaire – **4.** un mandataire – **5.** le légataire – **6.** le secrétaire – **7.** allocataires – **8.** du destinataire – **9.** argumentaire.

17 1. c) – **2.** a) – **3.** f) – **4.** b) – **5.** d) – **6.** e).

18 1. en – **2.** à – **3.** des – **4.** de – **5.** contre – **6.** à – **7.** à.

19 1. attaché parlementaire – **2.** secrétaire – **3.** personne qui garde les sceaux.

20 1. agréée – **2.** agréer – **3.** agrée – **4.** agréeraient.

21 1. convenir – **2.** représenter – **3.** établir – **4.** envoyer – **5.** consentir – **6.** Agréer – **7.** refuser – **8.** rompre.

22 1. lettres de créance, l'entrée en fonction, accréditation. – **2.** accréditaire, représentant, accréditant. – **3.** agrément. – **4.** agréé.

23 1. aux – **2.** au, en, en, à, à, aux – **3.** à, au, en, au, à – **4.** ø, ø – **5.** au, ø.

24 1. V – **2.** F – **3.** V – **4.** F – **5.** V – **6.** F.

25 1. apatride, expatrié, patrie – **2.** compatriotes, rapatrier – **3** patriote – **4.** patriotisme.

26 1. depuis – **2.** dès – **3.** remonte à – **4.** par la suite, au fil des siècles – **5.** entrée en vigueur, auparavant.

27 1. F – **2.** F – **3.** V – **4.** V – **5.** F – **6.** V.

28 1. du ministre des Affaires étrangères – **2.** parce qu'il permet à la France d'être partout présente sur la scène internationale, de jouer un grand rôle en Europe – **3.** celle d'un monde qui doit être solidaire, humain – **4.** oui – **6.** oui, il est plus que jamais nécessaire dans une époque de tensions, de conflits, de mondialisation pas toujours maîtrisée – **6.** oui – **7.** oui – **8.** c'est l'ensemble constitué par les populations francophones, et ce sont aussi les actions en faveur de la langue française – **9.** réponse libre.

Chapitre 2   La vie du diplomate : particularités

29 1. à l'étranger, garantir, sécurité – **2.** régime, prérogatives, au bénéfice, agents.

30 1. autoritarisme – **2.** dépens – **3.** respecter – **4.** attentat – **5.** honoraire.

31 1. pénales, tribunaux – **2.** crimes – **3.** civile, différends – **4.** juridictionnelle.

32 1. se sont réfugiés – **2.** refuge – **3.** abri – **4.** asile – **5.** réfugiés, a accordé.

33 A. 1. accorder, abri – **2.** individus, territoire, compétence – **3.** livrer, politiques, se réfugient, sauf-conduits.
B. 4. abri – **5.** momentané, en péril, juridiction – **6.** octroi.

34 1. une admision, admissible – **2.** une dérogation, dérogatoire – **3.** restreindre, restrictif(ve) – **4.** accréditer, une accréditation – **5.** délivrer, délivré(e) – **6.** une exonération, exonéré(e) – **7.** exempter, exempté(e) – **8.** une infraction, enfreint(e) – **9.** atteindre, atteint(e) – **10.** une détention/un détenu, détenu(e) – **11.** un transfert, transféré(e), transférable.

35 1. F – **2.** F – **3.** F – **4.** V – **5.** V – **6.** F.

36 1. e) – **2.** c) – **3.** b) – **4.** d) – **5.** g) – **6.** f) – **7.** a).

37 1. bleue – **2.** grise – **3.** orange – **4.** verte.

38 1. donnons carte blanche – **2.** joue sa dernière carte – **3.** joué cartes sur table – **4.** brouillé les cartes – **5.** connaître le dessous des cartes.

39 1. visa – **2.** permis – **3.** autorisation – **4.** visa – **5.** autorisation – **6.** carte – **7.** permis – **8.** visa – **9.** permis – **10.** carte.

40 1. pour permettre aux agents diplomatiques d'exercer librement leurs fonctions à l'étranger – **2.** oui – **3.** le droit d'asile n'existe pas en principe ; une mission diplomatique peut accorder un refuge temporaire – **4.** l'État accréditaire (et la convention de Vienne sur les relations diplomatiques) – **5.** l'État accréditant – **6.** oui – **7.** l'État accréditant.

41 1. a) adroit – **2. b)** circonspect – **3. c)** fin – **4. d)** habile – **5. e)** réservé – **6. f)** retenu – **7. g)** prudent – **8. h)** précautionneux – **9. i)** réfléchi – **10. j)** modéré – **11. k)** perspicace – **12. l)** sage, sagace – **13. m)** subtil – **14. n)** ingénieux – **15. o)** talentueux – **16. p)** rusé – **17. q)** astucieux – **18. r)** roublard – **19. s)** roué – **20. t)** hypocrite – **21. u)** menteur, mensonger – **22. v)** combinard – **23. w)** intrigant – **24. x)** manipulateur – **25. y)** manœuvrier.

42 1. Q – 2. D – 3. D – 4. les deux – 5. les deux – 6. Q – 7. D – 8. Q – 9. Q – 10. D – 11. Q – 12. D.

43 1. e) – 2. c) – 3. b) – 4. a) – 5. g) – 6. i) – 7. f) – 8. d).

44 consacré, fixé, étiquette, précéder, ordre.

45 1. d) – 2. a) – 3. f) – 4. b) – 5. c).

46 1. i) – 2. e) – 3. a) – 4. b) – 5. c) – 6. j) – 7. f) – 8. d) – 9. g) – 10. h).

47 en, auprès, sur, en, à savoir, auprès, auprès, auprès.

48 s'immiscer, autrui, intervenir, compétence.

49 1. a) directif (ive), directionnel (elle) ; directorial(e) – 2. b) protocolaire – 3. c) ministériel (elle) – 4. d) présidentiel (elle) – 5. e) convivial(e) – 6. f) prestigieux (euse) – 7. g) résidentiel (elle) – 8. h) nominatif (ive), nominal(e).

50 gros titres, à titre exceptionnel, accordé le titre de grand maître à notre champion, sur titre, son titre, le titre.

51 1. f) – 2. b) – 3. e) – 4. a) – 5. c) – 6. d).

52 dépôt, déposer, homologues, corps diplomatique, effectuer, manuscrite.

53 1. V – 2. F – 3. F – 4. F – 5. V – 6. V.

Chapitre 3   Les domaines d'intervention et le MAE

54 1. l'intervention dans un domaine – 2. le maintien de la paix – 3. la prévention d'un conflit – 4. la protection des intérêts – 5. la prise de mesures efficaces – 6. le développement de relations amicales – 7. la résolution (la solution) des problèmes – 8. l'harmonisation des efforts des nations.

55 1. individuelles – 2. inefficaces – 3. belliqueux – 4. inamicales – 5. générales, collectives – 6. secondaires – 7. particulières.

56 1. administration, ministère – 2. organisations, institutions – 3. organisation – 4. organismes, établissement, institut – 5. administration, entreprise.

57 1. champ – 2. exploitations – 3. ressort – 4. étendue – 5. sa spécialité.

58 1. c) – 2. a) – 3. g) – 4. f) – 5. d) – 6. e) – 7. b.

59 1. b) – 2. h) – 3. g) – 4. e) – 5. a) – 6. c) – 7. d) – 8. f).

60 1. intervenant – 2. négociateur – 3. expert – 4. coordonnateur – 5. meneur – 6. défenseur.

61 1. Organisation du Traité de l'Atlantique Nord – 2. Organisation pour la sécurité et la coopération en Europe – 3. Union européenne – 4. Organisation mondiale du commerce – 5. Fonds monétaire international – 6. Direction générale du Trésor et de la politique économique – 7. Organisation des Nations unies pour le développement industriel – 8. Organisation internationale du travail – 9. Programme des Nations unies pour le développement – 10. Conférence des Nations unies pour le commerce et le développement – 11. Haut commissariat des Nations unies pour les réfugiés – 12. Comité international de la Croix-Rouge – 13. Service d'aide médicale urgente.

62 1. b) – 2. a) – 3. a) – 4. b).

63 1. c) – 2. a) – 3. a).

64 1. homologue, analogues – 2. correspondant, équivalent – 3. correspondants.

65 1. désarmement, prévention, armements, destruction massive, chimique – 2. défense – 3. terrorisme, stupéfiants, coopération.

66 1. le fait de ne pas se conformer à une politique commune – 2. un engagement de ne pas attaquer un pays – 3. un État qui s'abstient de prendre part à un conflit – 4. principe de ne pas intervenir dans la politique d'un État étranger –

5. une politique adoptée par un gouvernement qui s'abstient d'intervenir dans les conflits d'un État étranger – **6.** doctrine qui condamne le recours à la violence dans l'action politique – **7.** opposer un refus. (juridiquement : moyen tendant à faire déclarer l'adversaire irrecevable en sa demande, sans examen du fond, pour défaut de droit d'agir).

67 **1.** nom et adjectif – **2.** adjectif seulement, nom : la culture – **3.** adjectif féminin, nom : le public – **4.** nom et adjectif – **5.** nom et adjectif – **6.** nom seulement, adjectif : patrimonial – **7.** adjectif seulement, nom : la scolarité.

68 **1.** projet – **2.** programme – **3.** programmes – **4.** projet – **5.** programme – **6.** projet – **7.** projet.

69 **1.** sherpa – **2.** MEDEF – **3.** Banque européenne pour la reconstruction et le développement – **4.** sensibles – **5.** transfrontières – **6.** les risque-pays.

70 **1. a)** naissance – **2. b)** mariage – **3. c)** divorce – **4. d)** décès – **5. e)** installation – **6. f)** civisme, citoyen – **7. g)** détention.

71 **1.** expatriés, rapatrié, immigrés – **2.** réfugiés, apatrides – **3.** émigré.

72 **1.** journaux, quotidien, hebdomadaires – **2.** revues de presse, bulletin, messages.

73 **1.** b) – **2.** e) – **3.** g) – **4.** f) – **5.** a) – **6.** c) – **7.** d).

74 **1.** F – **2.** F – **3.** V – **4.** F – **5.** V – **6.** V – **7.** F – **8.** V.

75 **1.** secret – **2.** personnel – **3.** confidentiel – **4.** officieuse, officielle – **5.** privés.

76 **1.** une transmission – **2.** un sceau – **3.** un cachet – **4.** une confidence – **5.** une protection – **6.** une expédition.

77 **1.** f) – **2.** c) – **3.** e) – **4.** b) – **5.** d) – **6.** a).

78 **1.** chiffre – **2.** inviolable – **3.** valise – **4.** officiel – **5.** courrier – **6.** destinataire.

Chapitre 4   Les missions diplomatiques

79 **1.** participe, associé – **2.** visite officielle – **3.** accrédité – **4.** correspondances – **5.** transmis, visés, signés.

80 **1.** prononce – **2.** répond – **3.** présente, présente – **4.** conversent – **5.** se confient – **6.** sont reconduits.

81 **1.** institutions – **2.** rôle, conduite, relations – **3.** défendre – **4.** positions, instances.

82 **1.** g) – **2.** d) – **3.** h) – **4.** b) – **5.** i) – **6.** c) – **7.** e) – **8.** a) – **9.** f).

83 **1.** prévenir – **2.** documentés – **3.** vous vous renseigniez – **4.** tenir au courant – **5.** me guider – **6.** signale aux délégations la fermeture – **7.** rappelons – **8.** alertées – **9.** précisez-moi la date, que je la communique à tout le monde – **10.** raconter l'histoire.

84 **1.** ...ils ont appris l'expulsion de nombreux ressortissants... – **2.** l'enlèvement de – **3.** l'opportunité de... **4.** Il a approuvé l'intervention de l'ambassadeur – **5.** Je crains votre méconnaissance de... – **6.** Le rôle de l'ambassade est le conseil des entreprises et la promotion de la culture... – **7.** à cause de (ou en raison de) la perte de ses papiers – **8.** ...est le soutien des entrepreneurs pour l'obtention de contrats..., la protection de nos intérêts et l'information.

85 **1.** ressortissants – **2.** économiques, dispositions – **3.** licites, gouvernement – **4.** délivrer, se rendre – **5.** secours – **6.** état-civil, règlements – **7.** intérêts **8.** sauvegarder, incapables, tutelle – **9.** procédures

86 temporaire : 1 – 2 – 4 – 5 – 8 – 10 / permanent : 3 – 6 – 7 – 9

87 **1.** capital – **2.** dotation – **3.** autonomiste – **4.** besoin – **5.** institutionnaliser – **6.** entraver.

88 1. périmé – 2. obtention – 3. justificatifs de domicile – 4. délivrance – 5. sécuriser – 6. timbre fiscal – 7. demandeur.

89 1. c) – 2. a) – 3. e) – 4. f) – 5. d) – 6. b).

90 1. prends acte, émettre – 2. promouvoir, examiner – 3. combler, se traduire – 4. nuira.

91 1. précédant, fatigantes, négligeant – 2. adhérant – 3. vacant, convain-cante – 4. intrigant – 5. influents, divergeant, convergents.

92 1. F – 2. V – 3. V – 4. F – 5. V – 6. V.

93 1. ont reconnu l'impossibilité – 2. qu'ils avaient fixée – 3. agréait – 4. reconnaître leurs erreurs – 5. Il faudrait signaler qu'elles ont fixées – 6. qui sont justes – 7. comme prévu.

94 1. contractuelles, contrat – 2. contractantes, contractées.

95 1. f) – 2. d) – 3. e) – 4. c) – 5. b) – 6. a).

96 établi, habilitées, constate, définit, confond, déclare.

97 1. le paraphe d'un texte – 2. l'authentification d'un traité – 3. l'approbation d'un accord – 4. le dépôt de ses instruments de ratification – 5. la prévision des conditions – 6. la saisine de l'autorité... – 7. l'interdiction d'une révision... – 8. l'adjonction d'un avenant – 9. l'insertion d'une nouvelle disposition – 10. l'invo-cabilité d'un traité.

98 1. la dissolution – 2. la conclusion – 3. la dénonciation – 4. le retrait de – 5. l'extinction – 6. l'absorption – 7. l'expiration.

99 1. disparaître – 2. contraindre – 3. proroger – 4. renouveler – 5. suspendre – 6. cesser – 7. terminer.

100 1. infirme – 2. ont échoué – 3. d'opposer – 4. partielle – 5. ont nui – 6. ont dissuadé.

Chapitre 5 **Diplomatie préventive et gestion des crises**

101 1. une provocation – 2. une prévention – 3. une réaction – 4. une maîtrise – 5. un contrôle – 6. un règlement, une règle – 7. une résolution – 8. une sortie – 9. un traitement – 10. un déclenchement – 11. un arbitrage.

102 1. la guerre – 2. une défiance – 3. une rémission – 4. une confrontation – 5. collatéral – 6. perpétuer – 7. devancer.

103 1. le déclenchement, l'aggravation, l'arrêt – 2. résoudre – 3. objectifs – 4. qu'un compromis – 5. la médiation – 6. besoins – 7. solution.

104 1. F – 2. V – 3. V – 4. F – 5. V – 6. V – 7. F – 8. F – 9. F.

105 1. délégations, conférences, déchiffrent – 2. indicateurs de risque, modèles – 3. pénétrer – 4. cerner, hostile, prémices.

106 1. V – 2. F – 3. V – 4. V – 5. F.

107 1. interceptés, méprise – 2. revendication – 3. ravisseurs – 4. réunions de crise – 5. tournée – 6. tractations, négociateurs – 7. ombre – 8. réseaux, contact – 9. secret, parallèle – 10. renouer, otages, face.

108 1. inattendues, communautés expatriées – 2. incidents, affecter, secourir – 3. plans de sécurité, évacuation – 4. résidents étrangers, mobiliser, alerter, consi-gnes, cellule de crise – 5. réseaux, simulation, soutien.

109 1. résolution – 2. embargo – 3. sommet – 4. opération, casques bleus – 5. protestation – 6. unanime – 7. camps – 8. sanction – 9. violations, commission.

110 1. V – 2. F – 3. V – 4. V – 5. V – 6. F – 7. V.

111 1. c) – 2. d) – 3. b) – 4. e) – 5. a).

112 **1.** entre, à, à, à, au – **2.** dans, par – **3.** après, de, par, dans, selon.

113 **1.** F – **2.** F – **3.** F – **4.** F – **5.** F – **6.** V – **7.** V – **8.** V.

114 **1.** une réunion préparatoire – **2.** une attitude compréhensive – **3.** un conflit frontalier – **4.** une situation instable – **5.** un comportement hostile – **6.** une revendication communautaire, communautariste – **7.** des conflits interétatiques – **8.** des conflits intraétatiques, internes – **9.** une arme dissuasive – **10.** une situation conflictuelle – **11.** une opération coercitive – **12.** le renouveau onusien – **13.** une opération multinationale – **14.** un pays idéal !...

115 **1.** procédés – **2.** élucidés – **3.** procédure – **4.** préjudice – **5.** rompre – **6.** à l'amiable – **7.** pacifiques.

116 **1.** transaction, intransigeants – **2.** unanimité – **3.** parties, transiger, concessions, réconciliation – **4.** rompre, négociateurs, compromis.

117 **1.** fait partie – **2.** tiré parti – **3.** font partie, prennent parti, tirer parti – **4.** pris à partie – **5.** prendre leur parti.

118 **1.** projet, base – **2.** points, stipulant – **3.** clause – **4.** dispositions, articles, prescriptions.

119 **1.** dépendent – **2.** entraînent – **3.** concernent – **4.** bénéficient – **5.** fournir – **6.** exigent – **7.** constitue – **8.** s'impose – **9.** adoptée – **10.** être reconnus – **11.** estiment – **12.** solliciter – **13.** s'engager – **14.** porter.

N° d'éditeur : 10186398 - CGI - février 2012

Imprimé en France par JOUVE
1, rue du Docteur Sauvé, 53100 MAYENNE
N° 509924S. - Dépôt légal : novembre 2005